PAUL ADAM

La Morale

de

l'Éducation

PARIS

ERNEST FLAMMARION, ÉDITEUR

26, RUE RACINE, 26

La Morale de l'Éducation

La Morale de l'Éducation

Par Paul ADAM

PARIS

ERNEST FLAMMARION, ÉDITEUR

26, RUE RACINE, 26

— 1908

A Marius Ary LEBLOND

A LEUR SCIENCE FÉCONDE

PRÉFACE

En 1906, le commerce extérieur de l'Angleterre s'élevait à vingt-deux milliards ; celui de l'Allemagne à dix-sept milliards, et celui de la France à dix milliards et quart seulement. Du deuxième rang qu'ils occupaient naguère, nos princes du comptoir sont passés au quatrième. Or, si l'on estime que le négoce d'un pays assure la richesse de l'impôt qui entretient les armées, arguments efficaces de la diplomatie, nous pouvons dire sans exagération que nos marchands livrent la France à l'étranger.

Belle récompense en retour des privilèges que les ministres successifs leur prodiguent. Car ici, le boutiquier règne. Lorsqu'on fait ses vingt-huit jours, il faut admirer la licence que le commandant octroie au moindre cabaretier, au plus infime brocanteur de vaisselle. Sous prétexte d'inventaire ou d'échéance, le capitaine leur accorde les permissions qu'il refuse à l'avocat et à ses plaidoyers, au journaliste et à ses articles, au notaire et à ses contrats. De même dans la vie civile. La Légion d'honneur se compose de bonnetiers, de bijoutiers, de restaurateurs, plus que de soldats, de savants, de fonctionnaires » et d'artistes. L'indulgence est extrême pour les délits du trafic. Tout fraudeur trouve un député qui le sauve de la prison, et réduit l'amende. La plupart des faillis possèdent leur villa dans les banlieues agréables. Grâce à l'argent, puisque la vente confère l'opulence bien mieux que l'héroïsme, la science ou l'art, cette classe de la société recueille tous les biens. A elle les automobiles et l'arrogance souvent meurtrière du chauffeur. A elle les luxes et les voluptés des villes. L'or remplit ses poches. Elle se gave. Elle se dispense toutes les joies. Combien citer de généraux, de magistrats, de médecins, d'artistes ou de littérateurs qui gagnent le million ? Vingt à peine. Tandis que les intermédiaires entre le producteur et le consommateur se comptent par milliers qui soutirèrent à l'un et à l'autre des fortunes imposantes. Et pour peu que l'Etat en veuille taxer le revenu afin de secourir la misère des travailleurs vieillis, ces capitalistes placent leurs fonds dans les banques étrangères sans la moindre vergogne.

Cela serait peu, si l'intelligence et l'activité de notre marchand égalaient celles de ses émules teutons, anglais, yankees. Honteusement, il se laisse partout supplanter. Sous le second empire, le négoce de la France prospéra dans les ports de la Méditerranée. Ce lac des Latins, lui du moins, eût dû rester leur apanage. La campagne de Crimée, l'expédition de Syrie après la bataille de Navarin et la conquête de l'Algérie, nous avaient valu du prestige entre Brousse et les Açores. La péninsule s'était ouverte à

nos marchandises depuis Magenta et Solférino.
Les voyages étaient courts de Marseille à Naples,
de Cette à Barcelone. Nous n'avions point à
lutter contre les exigences de la clientèle allemande et anglaise. Les Latins de l'Ombrie et
ceux de la Castille, les Egyptiens du Caire et
les Maronites du Liban acceptaient avec enthousiasme nos produits tels quels. Les chré-
tiens du Levant achalandèrent nos bateaux et
se disputèrent leurs cargaisons. Aujourd'hui, la
flotte allemande de commerce est, en Méditerranée, plus nombreuse que la nôtre. Le commis-
voyageur westphalien nous a chassé de Rouma-
nie. Pendant que les fils de la Hanse multi-
pliaient leurs importations en Espagne jusqu'à
les échanger pour quatre-vingt-quinze millions
de pesetas, alors qu'en 1873 ils recevaient simplement un million et demi de pesetas, et en
1898, quarante-trois millions, nous perdions en
vingt ans la moitié de nos transactions. A Barcelone, le sixième rang nous est assigné sur la
liste statistique. En Italie, ce sont les vaisseaux
anglais, autrichiens, grecs et allemands qui dé-
chargent en nombre leurs caisses, ballots et
barils. La cinquième place seulement nous est
dévolue. Même à Gênes, les Espagnols et les
Hollandais nous surpassent ; et le consul de
cette ville écrit : « Cette disparition graduelle
des navires français produit pour le rayonnement de notre influence un effet déplorable ». A
Trieste et Alexandrie, les denrées de notre sol
sont débarquées de vaisseaux allemands. De
Fiume, cent-cinquante chargements partent vers

nos rivages chaque année, sans que notre pavillon couvre l'une de ces mâtures.

J'emprunte ces détails à « la Vie financière »,
dont les doctrines économiques font autorité :
Relatant la plainte de nos consuls, le critique
accuse l'apathie de nos maisons françaises, le
manque de voyageurs adroits, la peur du risque,
le crédit trop parcimonieux, la prétention de ré-
genter le goût des acheteurs. Il cite un extraordinaire désaccord entre nos filateurs de toi-
les et nos fabricants de lits en cuivre. Accablés
de commandes américaines, ces messieurs ne
voulurent jamais s'entendre pour envoyer les
draps à la mesure des sommiers, ni des sommiers à la mesure des draps. Si bien que New-
York finit par s'adresser en Allemagne. Cet individualisme fou, cet orgueil hostile à toute con-
cession est caractéristique de l'absurdité propre
aux usiniers de France. Les reproches formu-
lés par nos agents consulaires, M. Jules Huret
les ouï-dire par tous les étrangers, lorsqu'il
entreprit, aux Etats-Unis et en Allemagne, deux
admirables enquêtes sur la vitalité formidable
de nos concurrents. Dans son numéro du 10
août 1907, l'excellente « *Revue commerciale* » de
Bordeaux relevait de pareilles sottises, celle, entre
autres, des droits prohibitifs exigés par les vi-
gnerons du Midi contre les vins forts d'Espagne
qui servaient à des mélanges appréciés dans
l'Amérique latine. Résultat : nous exportions là-
bas soixante-dix-huit mille hectolitres en 1897,
mais trente-quatre mille hectolitres en 1902, d'où
la mévente de nos jus, le sucrage des vinasses,

tout le drame héroï-comique de Narbonne, et la ruine de quatre départements. Tel le monstre antique Catoblépas qui hurlait de douleur en se rongeant les pattes sans comprendre la cause de sa torture.

Aussi, en Uruguay, Bordeaux envoyait vers 1887, cinquante mille barriques environ. L'année dernière, on n'expédia plus que sept mille barriques. De même pour les autres États de l'Amérique latine : Brésil, Chili, Bolivie, Colombie, Equateur, Vénézuéla. M. Emile Calvet, rapporteur au Congrès international vinicole, désigne pour cause de cette déchéance nos sempiternelles erreurs : manque de représentants, protectionnisme désastreux, économie maladroite, crainte puérile de l'aléa. Ces défauts sur lesquels on rabâche, voici tantôt un quart de siècle, firent que les primes concédées par l'État à la marine marchande ne réussirent point à la développer.

Peu loyalement, les armateurs bénéficiaires de ces primes firent, la plupart, naviguer leurs bateaux sur lest sans prendre le fret, et en se contentant de toucher les sommes officielles amplement rémunératrices de la traversée. Ils ne tentèrent aucun effort sérieux afin de multiplier leur flotte ou leurs trocs. Des navires étrangers transportent la majeure partie de nos productions vers les docks d'Asie, d'Amérique et même d'Europe. Leurs équipages font ainsi concurrence à nos cent vingt mille inscrits maritimes, soutiens dès familles habitant les côtes de la Manche, de l'Océan et de la Méditerranée. Trois cents millions passent dans les poches doctrines scientifiques dont ses livres sur l'Evolution de la matière ne sont que la préface majestueuse.

Mais que fait le marchand pour notre pays ? Quelle suprématie lui assure-t-il ? Il est un motif de dérision générale. Les ingénieurs lui ont créé l'industrie automobile. Déjà il laisse les marques italiennes et allemandes conquérir sa clientèle première ; déjà il subit une crise désastreuse, et cela faute de solidarité entre les capitaux, faute de cartels ou de trusts, par rage d'individualisme routinier, par ignorance.

Durant ma longue carrière de chroniqueur obligé d'écrire sur toutes choses selon le caprice de l'actualité, j'ai reçu d'innombrables lettres tantôt approbatives, tantôt critiquantes. Je me suis longtemps plu à les classer par catégories relatives aux professions des signataires.

A maintes reprises j'ai consulté cette série de documents sur les opinions des contemporains. Toujours j'ai du reconnaître que les missives des ouvriers, des médecins et des officiers renfermaient le plus d'intelligence, que celles des marchands et des agriculteurs en contenaient le moins. Par contre, la suffisance de ces derniers est inimaginable. Point d'épicier ni de gargotier qui ne traite de haut les questions sociales les plus difficiles, qui ne qualifie durement ses contradicteurs, qui n'affiche un mépris royal d'autrui. Ce que des capitaines sortis des Ecoles polytechnique ou navale hésitent à combattre, ce que des savants instruits par de longues années au laboratoire et à l'hô-

pital, contestent timidement, le tailleur le nie
avec une mirifique désinvolture. Préjugés vul-
gaires, partis-pris comiques, avis naïvement in-
téressés, simplifications puériles des problèmes
considérables diminués à la mesure du pitoyable « bon sens », ignorance presque absolue
de l'économie générale, de ses lois, de ses axio-
mes et de ses déductions célèbres : telles sont les
tares. Joignez à cela la jactance d'une certitude
extrêmement ferme ; et vous aurez l'ensemble
des faiblesses qui desservent l'esprit d'une caste
par ailleurs si respectable en sa probité, sa
persévérance et sa prudence.

De toutes les enquêtes, il résulte que si les
plus intelligents des Germains, des Anglo-
Saxons, des Yankees s'occupent, à notre époque, de commerce, les médiocres s'adonnent,
en France, à ces fonctions. Notre marchand
est encore l'homme qui n'a pu subir les épreuves du baccalauréat ; et il sied bien d'avouer que
le discrédit en lequel nos pères tenaient le négoce prépara cette infériorité. Officiers, magistrats ou fonctionnaires dédaignaient fort, au
siècle dernier, le directeur de magasins. Tout
fournisseur leur paraissait, en province surtout, une manière de valet.

Le mouvement nationaliste-antisémite fut une
surprise indignée de l'aristocratie bourgeoise
contre le succès des opulences acquises de 1875 à
1890 à l'ombre des comptoirs. Les demi-fortunes
des avoués, notaires, juges, professeurs et ma-
jors furent éclipsées soudain par la richesse du
courtier qui soudoya le politicien radical, et

gouverna les vieilles « classes dirigeantes ».
Elles se rebiffèrent. Vaine réaction. L'intermédiaire tenait la force, c'est à-dire l'argent. Les
apôtres persuadèrent les masses. Et le comité
Mascuraud entra dans la gloire.

Malheureusement ce ne sont pas les personnages éminents qui le composent. L'élite per-
siste à vivre dans les laboratoires, les casernes,
les ateliers, les prétoires et les banques. Elle
ne s'installe pas dans le bureau du Doit et
Avoir. Très- clairement l'affirment les succès
de nos rivaux qui nous distancent sur toutes
les colonnes de statistiques. Le marchand ici
n'est pas digne de sa place. Et si, comme l'on
tend à l'admettre, LE PEUPLE QUI PRODUIT LE PLUS
ET QUI MEURT LE MOINS PROPORTIONNELLEMENT A
SON CHIFFRE D'AMES, MÉRITE DE COMMANDER AU
MONDE, il importe de constituer ici une élite
commerçante aussi douée que notre élite artiste
et que notre élite savante, afin de récupérer
notre rang d'autrefois parmi les nations.

Et tout d'abord, il est essentiel de vouer la
meilleure partie de la jeunesse instruite aux
travaux du négoce. A grand tort on prétend que
la pratique du latin et du grec leur est inutile.
Cependant ces langues mortes furent celles des
ports méditerranéens illustres par les transactions antiques entre l'Asie et l'Europe. Les caravanes nestoriennes qui parsemèrent d'églises hé-
résiaques la route de Byzance à Pékin accomplirent, durant plusieurs siècles, l'un des prodigieux efforts commerciaux de l'histoire, en parlant la langue des Comnènes. Dans les annales

des patries helléniques et romaines se trouvent
les documents indispensables à l'étude logique
des intérêts, des échanges qui déterminèrent la
richesse des cités méditérranéennes. Nous apprî-
mes des écrivains latins Carthage et ses mœurs.
Le droit romain établit les principes de la pro-
priété, de la vente et de l'achat, du transfert et
de l'héritage. On accumulerait les arguments
en faveur des langues mortes, explications ration-
nelles du négoce antique et de ses origines. Or, cette étude semble urgente pour comprendre les lois
des trafics actuels. La grande voie par laquelle
l'ambre et l'étain arrivaient du Nord aux provinces romaines fut la vallée du Rhin, et de nos
jours, elle reprend toute son importance, puisque les pangermanistes tendent de régir Rot-
terdam, afin d'assurer l'exportation de leurs
métaux, de leurs tissus westphaliens et de leurs
vins pressés sur les côteaux dominant le cours
du fleuve aux Nibelungen. Aussi bien que le
Droit, le Commerce exige la culture helléno-
latine de ceux qui veulent l'exercer en toute
précellence.

Mais l'éducation par les langues mortes a
surtout l'avantage d'apparenter, au moyen
d'idées communes et traditionnelles, les différentes races qui peuplent notre sol. Basques
et Flamands, Bretons et Lorrains se sentent
Français lorsqu'ils discutent ensemble les doctrines de Lucrèce et la morale de Caton. Cela
les lie. Cette communion est le signe des meilleurs. Ils se reconnaissent en cette familiarité
avec l'esprit des premiers civilisateurs de la

Gaule. Or, il sied que le négociant ne soit plus à l'écart des aristocraties intellectuelles. Il convient qu'il se mêle à ceux dont l'âme fut fortifiée par la raison de Sénèque et le charme de Virgile.

A tort, on a créé l'enseignement spécial et le baccalauréat sans latin.

Les races différentes de la France ont besoin d'une tradition mentale pour demeurer cohérentes. Les castes savantes, artistes, militaires et législatrices sont les moyens de cette cohésion. Elles en sont aussi l'armature. Et l'on s'aperçut de leur efficacité lorsque l'amour de Brutus et de la République romaine, propagé par les Encyclopédistes détermina l'unité nationale de 1792, puis le merveilleux élan des armées jacobines et impériales.

Le jeune homme qui se destine au commerce se gardera de négliger la culture antique. Parmi les bacheliers, les licenciés, se doivent recruter tout à l'heure, ceux qui formeront les cartels et les trusts, c'est-à-dire la plus réelle puissance du monde prochain. Avant peu, l'oligarchie des grands syndicats commerciaux régira les banques et les bourses, par conséquent les Etats incapables de vivre en dissentiment avec la richesse, puisqu'un coup de canon, aujourd'hui coûte de 1.000 à 6.000 francs au ministre de la marine. Cette vue de leur influence future et des joies propres à la fortune décidera très certainement les bacheliers capitalistes. Ils préféreront à la toge, à l'épée, à la plume, peu rémunératrices, la balance du compteur d'or.

Depuis longtemps déjà, le Pouvoir a doté les villes d'instituts où l'on enseigne les principes de l'échange et l'économie générale. Telle, à Paris, l'Ecole supérieure pratique du Commerce et de l'Industrie. Elle reçoit des élèves depuis l'âge de douze ans jusqu'à l'âge de dix-neuf ans. Un premier cycle d'études convient à ceux obligés d'entreprendre assez tôt les affaires. Dès la seizième année, ils obtiennent un brevet justifiant de leurs aptitudes pour la correspondance, les langues anglaise, allemande, espagnole, la comptabilité, l'histoire et la géographie commerciales, la législation, etc... Cette série de cours prépare les écoliers à remplir les emplois de magasins, de bureaux, et à diriger des maisons de moyenne importance. Elle n'inspire pas l'esprit d'une élite.

Tout autre est l'enseignement du second cycle. En deux années, il munit de connaissances très sérieuses sur l'économie politique, le droit public et civil, la technologie, la chimie industrielle, la mécanique appliquée, les mathématiques, les systèmes de transport, la législation douanière, budgétaire et ouvrière, l'évolution du commerce moderne, la banque et la bourse, tant les élèves du premier cycle que les bacheliers inscrits à l'Ecole pour acquérir, durant ce second cycle, une supériorité dans la création et la manipulation des affaires.

Sous l'influence de son directeur, M. Paris, cet institut transforme la jeunesse pour les résultats souhaités par l'économiste Blanqui, frère du célèbre politique, et qui fonda, vers 1820, l'établissement initial. On y dote d'une psychologie particulière les adolescents. Ils apprennent à penser commercialement, à mesurer la vie générale et les rapports des hommes selon le principe de la valeur. De même, on enseigne dans l'Ecole de guerre à penser stratégiquement. Après deux années de ce cours supérieur, les opérations mentales des disciples s'accomplissent d'une manière différente ; et cela parce qu'ils envisagent toutes choses naturelles et sociales comme virtualité de production, de consommation, d'échange. L'Ecole des Hautes-Etudes commerciales peut ensuite joindre à cette sorte de psychologie les facultés de synthèse que confère la fréquentation des théories plus abstraites.

Cette spécialité de l'Instruction publique ne fait en aucune manière déroger le caractère. Loin de ravaler les âmes au mercantilisme, elle élève les affaires à la hauteur d'une science complexe et totale, assez difficile pour douer d'un légitime orgueil les bacheliers qui se l'assimilent efficacement après avoir compris Eschyle, Platon et Spinoza.

Le temps est venu pour le marchand de considérer son œuvre ainsi que celle d'un économiste pratiquant. Il sied qu'il l'aperçoive parmi les causes et les conséquences lointaines. Faute de cette lucidité, le Midi protectionniste ruine son industrie viticole. Avoir été simplement un brave homme laborieux à courte vue perd le paysan de l'Hérault avec les boutiquiers entretenus naguère par ses achats, avec les gros fournisseurs qui vendaient à ces détaillants, avec les banques encombrées de traites douteuses depuis la crise, avec les acteurs, les modistes et les tailleurs de la ville rémunérés grâce aux gains superflus et provisoires. Celui dont le bilan périclite ne souffre pas seul. Il entraîne dans son infortune, plus ou moins, l'entourage. Il nuit en définitive à sa patrie qu'il diminue. Jamais l'on ne doit se réjouir d'une ruine, dût-ce être celle du pire concurrent. Elle atteint toujours la collectivité, autant dire nous-mêmes.

Ainsi les armateurs qui laissèrent décliner leur pouvoir de richesses se sont amoindris eux et leurs familles ; mais en outre, ils diminuent les chances de notre flotte de guerre. Au lieu de s'exercer continuellement sur mer, mécaniciens, gabiers, calfats, arrimeurs, timoniers, vigies, les inscrits maritimes oublient, dans les métiers de terre ferme, leurs vertus navales. Réservistes, ils ne savent plus qu'à demi leur métier de mathurin. Les sous-officiers surtout manquent d'entraînement. C'est pour cela que nos amiraux, lors des incidents survenus à Faschoda, conseillèrent aux ministres la reculade, puis l'entente cordiale. Alliance dangereuse, vu les appétences nécessaires de l'impérialisme anglais.

A l'Ecole supérieure pratique de Commerce et d'Industrie, fut annexée une section de navigation maritime. Là se forme un état-major de la marine marchande. Les élèves peuvent obtenir le diplôme de lieutenant-second. En deux années, les professeurs nantissent leurs disciples des aptitudes exigées pour le brevet supérieur de capitaine au long cours. Mesurant la détresse nationale que nous valut l'incurie des armateurs et des exportateurs, le ministre dut naguère désigner un navire-école pour la marine marchande l'*Himalaya*, des Messageries maritimes. Le 10 août 1907, ce vaisseau quittait Marseille avec ses aspirants au brevet. Il fit escale dans les ports de la Méditerranée, de l'Océan, de la Manche, et termina son voyage à Hambourg après que les maîtres et officiers du bord eurent démontré les causes de l'opulence ou de la pénurie le long de l'Europe occidentale, après qu'ils eurent enseigné les meilleures méthodes en usage pour le transport des marchandises, l'aménagement des docks, l'acquittement des droits douaniers, l'atterrissement dans les rades et bassins, etc... Ainsi quatre-vingts pensionnaires de l'Ecole prirent une précieuse leçon de choses consécutive à l'absorption des théories.

Il eût été utile que les chambres de commerce joignissent à ces futurs marins quelques-uns de leurs jeunes négociants qui eussent appris les mérites des races concurrentes. De Marseille à Hambourg, toutes les sortes de produits sont embarqués, débarqués. Les échanges entre les quatre et la cinquième partie du monde s'y perpétuent. Ces adolescents eussent compris pourquoi Marseille devient inférieur à Gênes ; pourquoi Bordeaux perd sa gloire devant l'Amérique latine ; pourquoi la ville de Dunkerque, autrefois rivale d'Anvers, reçoit deux millions de tonneaux, tandis que la cité belge en reçoit onze millions ; pourquoi la sinistre influence électorale et parlementaire des industries intérieures empêche nos gouvernements successifs d'accorder la franchise douanière à nos ports, et les ruine ainsi pendant que prospèrent ceux des Flamands et des Teutons ; pourquoi des législateurs ignares opposent à l'association des capitaux des obstacles néfastes ; pourquoi l'absurde égoïsme de nos marchands et de leurs nombreux députés détruit l'ancienne supériorité de la nation. On eût pu joindre à la liste des passagers aussi quelques-uns de nos élèves-consuls. Ils eussent analysé les défauts de notre âme trafiquante, additionné ses rares vertus, afin de pallier les uns et de seconder les autres sur tous les points du globe où nous pouvons acheter, vendre.

Jamais la République ne fera trop pour attirer dans les carrières d'échange les meilleurs de nos lauréats. Lycées, collèges et facultés manquent de professeurs qui vantent et propagent le savoir de l'économiste. L'histoire n'est guère enseignée qu'autour des batailles, des révolutions, des amours et des infortunes princières. Bon cela pour les classes enfantines où l'esprit du mioche s'intéresse uniquement à ces anecdotes. Dès la troisième et la seconde, l'analyste comme le géographe, s'ils ont le sens de l'ère actuelle, devront, avant tout, enseigner les raisons économiques des invasions, des révoltes, et celles des convoitises manifestées par les monarques ou les bourgeois quand ils assaillent le peuple voisin. Dans son immortel chapitre sur les batteurs de cuivre et les tisserands wallons, Michelet signifia son intuition de la véritable histoire, celle du travail humain et de ses prodiges, et des mentalités collectives qu'il crée. Taine, plus tard, a composé sur une idée semblable *les Origines de la France contemporaine* et la *Littérature anglaise*.

Aux professeurs contemporains, il sied de poursuivre cet apostolat glorifié par la *Salambô* de Flaubert, *La Guerre et la Paix* de Tolstoï, l'*Assommoir*, *Germinal*, *La Terre* et *Travail*, de Zola, *l'Europe et la Révolution française* d'Albert Sorel. Car les hommes ont combattu d'abord pour la boisson des sources. Ils fondèrent les empires au bord des fleuves navigables, colporteurs de bateaux et de cargaisons. Les barbares furent attirés par les trésors des boutiques vers les Babel, les Ninive, les Memphis, les Tyr, les Carthage et les Rome. Et qui dira jamais la pénétration épique des caravanes byzantines à travers l'Asie, du Bosphore à Pékin. Elles accomplirent ce qu'Alexandre et Napoléon ont inutilement rêvé de parfaire.

A nos professeurs il appartient de constituer l'aristocratie qui nous manque, l'aristocratie commerciale, à nos instituteurs aussi. Car il ne faut plus le nier : c'est dans le troc et la finance que le génie de l'homme se manifeste le mieux aujourd'hui. Par l'emploi avisé du crédit, les grandes banques et les grandes compagnies d'exportation modifient les régions, civilisent les barbares, changent les dynasties, opposent les races entre elles, fertilisent les pays incultes,

sèment les villes dans le désert, édifient des
royaumes autour d'une mine ou d'un terrain
pétrolifère. Les boursiers de Londres forcè-
rent leur reine à déclarer la guerre aux Boers
qui compromettaient la hausse des actions de
l'or en imposant des droits injustes à la méli-
nite indispensable pour dissocier le quartz des
claims. Les spéculateurs russes qui projetèrent
d'accaparer les forêts coréennes et la clientèle
mandchoue, obligèrent le tsar à la lutte contre
leurs concurrents japonais. Auparavant, les
planteurs de la Louisiane avaient contraint le
gouvernement de Washington à chasser de Cuba
les Espagnols dont la rigueur excitait la révolte
des autochtones empêchés, alors, de toute tran-
saction avec la Nouvelle-Orléans consciente de
perdre, à ce jeu, trop d'affaires. Enfin, chacun
sait que si la guerre éclate entre l'Angleterre
et l'Allemagne quelque jour, ce seront les banques de Londres et de Hambourg qui se dispu-
teront la clientèle de Sem et de Cham sur le
globe.

Telles sont les responsabilités qu'assument à
présent les princes du comptoir, poussés à cela
par toute la masse des intermédiaires exigeant
des commissions, par tous les grévistes avides,
eux, de ces salaires possibles seulement chez
l'industriel exportateur d'innombrables cargaisons jusque dans les pullulements humains de
l'Asie et des Amériques.

Engagés dans ces amples combinaisons comme
M. Harriman qui sauva de la banqueroute, en les
trustant, la plupart des compagnies de chemins

aucune époque. Les acquéreurs d'automobiles trouvent aisément des watmen adroits. D'autre part, les officiers, les professeurs, sortis de la bourgeoisie pauvre, manifestent aussi des qualités spirituelles autrement précieuses que celles des anciennes *culottes de peau*, et des vieux médicastres entichés de vomitifs, de saignées, de purgations. Le villageois cultive mieux sa terre qu'il engraisse chimiquement, et dont il connaît les éléments analysés au laboratoire. Que ces progrès incontestables n'aient pas encore leur plein effet ; que la majorité des ignorants, des paresseux songent d'abord à secouer politiquement les derniers jougs de la tradition, au lieu de s'assurer économiquement des avantages matériels : cela n'empêche point les idées, mal conçues encore, d'animer, chaque heure, un nombre accru de personnes. Aussi les talents réels abondent-ils comme jamais ils n'abondèrent il y a trente ans. Sur l'énorme chiffre de livres publiés continuellement, les mauvais paraissent en nombre infime. Presque tous renferment quelques pages au moins dignes de la louange même qui se réserve. Aux expositions, la moyenne des efforts artistiques l'emporte, et de beaucoup, sur les moyennes d'autrefois. Les programmes de tous les examens furent continuellement chargés de matières plus complexes ; et la foule des candidats ne diminue guère. Or, cette somme d'intelligence vérifiable est dûe à la propagande faite depuis un quart de siècle, par les dix écoliers sur cent qui profitèrent des leçons, bien que quatre-vingt-

dix n'en aient rien retenu. Mais ils sont dix
maintenant qui savent. Jadis, ils étaient deux,
ou personne. Ces dix là, modifient la mentalité
du village, et stimulent la curiosité des vani-
teux qui prétendent les égaler. Un d'entre eux
va courir, à la ville, sa chance. Il rencontre
cinquante garçons comme lui et qui discutent
pertinemment le journal. Deux de ce nouveau
groupe gagnent la capitale. Ils y trouvent mille
gaillards décidés aussi à se renseigner sur les
choses de l'industrie, des sciences, des arts.
Ces derniers s'agglomèrent. La sélection opère
des groupements desquels l'un devient l'aristocratie. Elle triomphe par ses hommes moyens,
truchements et apôtres des meilleurs esprits
trop extraordinaires, ux, pour persuader la
foule, et qui demeurent obscurs.

Ainsi naît l'élite créatrice. Ainsi le pouvoir
de l'instruction modifie les peuples, même quand
cette instruction est répartie sur un très petit
coefficient d'aptitudes.

On formera de même l'aristocratie commerciale, en prodiguant aux fils du prolétariat
maintes et maintes leçons d'économie politique,
tant à l'école primaire que dans les cours d'a-
dultes (obligatoires en Allemagne), puis à la caserne et à bord, au lycée, à la faculté.

Cette idée fut parfaitement servie par la *Revue
commerciale de Bordeaux*. M. René Chazarenc y
écrivit : « Il est temps de détourner du peuple l'obsession de la politique en l'initiant
aux questions d'ordre économique, auxquelles il est plus que tout autre intéressé. Car,

un jour qui est prochain, il lui faudra défendre son existence matérielle contre la concurrence et la production intensive de tous les peuples du monde. Des conférences économiques avec projections, montrant nos ports, nos colonies, pourraient être faites le jour, dans les lycées, le soir dans les écoles. Le thème des conférences serait à la portée de tous. Pas très théorique, mais expliquant la situation économique des races, et, par comparaison, celle de la France, les avantages présents ou futurs qu'aurait notre pays à contracter telle ou telle alliance, afin d'établir avec les nations amies des traités de commerce favorables, les problèmes des voies de navigation, des relations rapides avec le centre de l'Europe, des ports francs, du reboisement, etc. » Et la revue annonçait l'organisation d'une ligue vouée à ces conférences populaires. Le préfet de la Gironde s'inscrivit en tête de la liste nominative qui comprenait de très notables personnalités.

C'est donc une idée de marchands que celle-là, non point une idée provisoire et paradoxale de littérateur. Le besoin d'une élite commerciale semble entre tous urgent. Le génie manque trop aux négociants de France.

Mais ce n'est pas seulement l'instruction qui peut engendrer le génie nécessaire d'une élite. L'éducation aussi, certains disent « surtout », déterminera l'éclosion d'une mentalité supérieure. C'est pourquoi fut ébauchée cette *morale de l'éducation*, utile peut-être à la force de nos races latines.

La Morale de l'Éducation

PREMIÈRE PARTIE

Le devoir de la race

CHAPITRE I.

En face de l'Allemagne

Le petit-fils qui vient de naître à l'empereur Guillaume atteindra l'âge de gouverner soi-même, en 1940. Si M. Jules Guesde ne se trompe pas, la révolution sociale, vers ce temps, aura bouleversé les mœurs, universellement. De longues guerres auront mis aux prises les états capitalistes et les états prolétariens. Car, aux premières secousses graves, et de partout, les riches auront émigré dans le pays comptant le plus de fidèles à l'actuel contrat. Grâce à l'argent, ils auront enrôlé des troupes et mobilisé les multitudes paysannes furieuses de perdre leurs lopins. Les capitalistes aisément auront accaparé les flottes de combat et de commerce pour affamer, ruiner les patries du collectivisme. Faute de matières premières exotiques, l'industrie de ces régions aura périclité. Faute de transports au delà des mers, la surproduction n'aura pu trouver d'issue. Les foules communistes se seront d'ailleurs partagé les marchandises en réserve. Pour s'assurer le vivre, les ouvriers vainqueurs s'adonneront alors tous aux travaux de la terre, dans l'intervalle des combats. Tandis que le capitaliste accaparera le monopole de la création usinière et des travaux maritimes.

On peut imaginer que la Prusse, l'Angleterre, l'Autriche, la Hongrie, et les pays des Balkans deviendront alors les forteresses du capitalisme refoulé, comprimé par la victoire des socialistes français, rhénans, westphaliens, saxons, bavarois, russes. La force militaire des conservateurs allemands aura pu, certes, endiguer le flot de ses ennemis, de telle sorte que, de Stettin et Dantzig à Constantinople et Athènes, elle aura constitué un ensemble cohésif, solide, exclusif de tout esprit collectiviste. Menacé par la République slave à l'Est, par les Républiques françaises, rhénanes, bavaroises et saxonnes, à

l'Ouest, cet empire du Capital s'armera terriblement, se disciplinera sévèrement. Après avoir reconnu à ses travailleurs certains avantages,
comme la journée de huit heures mais avec travail aux pièces, le minimum de salaire, le devoir pour le patron de loger, d'assurer et de
soigner sa population ouvrière, un gouvernement
ploutocrate, appuyé sur l'aristocratie des hobereaux prussiens, sur celle des magyars hongrois,
sur celle des boyards, sur toute la noblesse
franque de l'Europe, élira comme souverain
le Hohenzollern signifiant la puissance des armes et le principe de hiérarchie. A cette époque,
en effet, le tsar aura perdu la vie dans les con-
vulsions politiques très prochaines; ou bien,
exilé en quelque lieu, il dépensera bourgeoise-
ment ses rentes. Le besoin de forces très uni-
fiées aura contraint ces ploutocraties et ces aristocraties à demander, puis, exiger l'abdication
des divers monarques trônant à Vienne, à Bel-
grade, à Bucharest, à Constantinople et Sofia. La
famille impériale des Hohenzollern recueillera,
comme la plus apte au commandement, toutes les
successions. Voilà, sans doute, quel nouvel Etat
le petit-fils de Guillaume II devra s'apprêter
à régir, en 1937, si les événements confirment
la prophétie de M. Jules Guesde.

Cet empire sera baigné au Nord, par la Baltique, au Sud, par la Méditerranée ; à l'Est, il sera borné par la Vistule ; à l'Ouest, par l'Elbe. La Bohême sera son camp retranché, Vienne sa capitale; Hambourg et Salonique, ses ports; l'Asie Mineure, sa belle colonie et l'exutoire de ses productions industrielles expédiées vers la Perse, l'Inde, la Chine. Ses lois interdiront le séjour aux agitateurs. Un code draconien, une justice martiale supprimeront toute velléité d'indépendance économique, tout apostolat oral, écrit. Mais, la littérature et les arts floriront. Ce sera le régime turc actuel, réalisé par des gens plus habiles et plus instruits, accepté par des populations pieuses, dociles, laborieuses, sévèrement stylées, entretenues dans les idées de soumission par des instituteurs. Comblée d'honneurs, favorisée de tous les privilèges, l'armée dominera d'autant mieux que tout civil notable par l'intelligence, la richesse ou l'hérédité, en fera partie avec épaulettes, galons et panaches. Les emplois des fonctionnaires seront remplis par les officiers d'âge mur, mais demeurés sur les cadres de leurs corps. Le cantonnier lui-même, sera un caporal. Nul n'occupera de fonction rétribuée par les ministères s'il n'est soumis à la discipline d'un régiment. Ainsi, dans le centre de l'Europe, une monarchie autoritaire, ploutocratique sera vraisemblablement constituée par les capitalistes, les nobles, les clergés, les paysans qui n'auront pas accepté la formule de Proudhon. Une nationalité se formera sur les principes d'intérêts matériels et de traditions survivantes. Déjà les détenteurs de la fortune française qui placent traîtreusement leur bien à l'étranger, préparent cet exode et cette agglomération. Le petit-fils de Guillaume II aura cet empire à gouverner, lorsque le tumulte des guerres sociales s'étant apaisé, cette puissance aura conquis sa vitalité normale et définitive, avec son oligarchie de banquiers, son aristocratie de généraux, son peuple d'ouvriers européens et chinois trimant le long des voies ferrées, dans les usines jointes sur des milliers de kilomètres.

En ce temps-là, les destins de la République russe, constitutionnelle et parlementaire seront déterminés par les intelligences d'une sorte de bourgeoisie morale à demi confiante dans ses professeurs, ses médecins, ses avocats qui la représenteront à la Douma, sous la condition de servir exclusivement les appétits des

1.

cultivateurs, avec mandat impératif. La politique électorale consumera les forces et les intelligences comme elle les consume chez nous aujourd'hui. Les partis se déchireront. Les courroux et les enthousiasmes prompts du caractère russe susciteront des espèces de guerres civiles, à la suite desquelles s'établira peut-être une fédération des provinces autonomes. Un royaume du Caucase aura pu se fonder sous l'hégémonie de la noblesse militaire. La Pologne industrielle et juive procurera tout l'argent nécessaire au Trésor, protégera de ses influences les Syndicats de financiers cosmopolites qui exploiteront les mines, les chemins de fer, le commerce des villes. Et, de Varsovie, Israël dominera le monde russe.

En France, le joug des collectivistes ayant été secoué après deux ou trois années d'expériences contraires à l'individualisme extrême de nos races, les groupements sympathiques se révèleront dans les provinces. Ils tendront à réaliser l'anarchie des Reclus, des Kropotkine. Ingénieux, nos fils pratiqueront la culture intensive et une douce existence villageoise. Ils auront aboli les entraves des lois pour ce qui concerne les choses de la sensibilité. Plus de

mariage, plus de famille. L'union libre don-
nera le goût des voluptés, des libertés indé-
finies. Et, pour les obtenir, pour affranchir
l'homme du travail, on développera rapidement
le machinisme agricole dans les casernes, seul
endroit où l'on consentira sagement à peiner.
Labourer, semer, sarcler, récolter, demanderont
quelques semaines d'attention par an. Le sol
produira trente fois ce qu'il enfante aujour-
d'hui.

Le Français désertera les villes et leurs ateliers pour la vie fainéante de la campagne.
Ce sera la bucolique éternelle, la pêche à la
ligne, l'amour vautré dans l'herbe. Le rêve
de Jean-Jacques se matérialisera. Quarante millions de prolétaires émancipés, dédaigneux de
l'opulence inutile, rechercheront leur moindre
effort en toutes choses, puisque les riches étant
partis, le désir de les égaler n'incitera plus les
désirs. On rira dans les chaumières délabrées.
La jeunesse triomphera.

Méprisés pour leur déchéance physique, les
vieux devront accomplir les besognes serviles
et fâcheuses. La romance atteindra des beau-
tés sublimes. Le génie lyrique se développera.
Il y aura des tréteaux à tous les carrefours.

L'art du vaudeville excitera les intelligences. Chacun sera mime, acteur, baryton. Et peu à peu, les ténors prendront sur la foule un ascendant. Elle leur attribuera la direction politique. Une nation de villageois buveurs, sensuels, danseurs et chanteurs' sera menée par des artistes. On aura vite chassé les savants qu'auront attirés les pays industriels. Le dédain que nous marquons déjà pour les choses de l'étranger finira par nous forcer à vivre uniquement de notre terre. Nous n'exporterons ni n'importerons. Le commerce aura cessé. Sous des toges en lainages médiocres, nous vivrons de la pitance distribuée par l'Assistance universelle. Et cela paraîtra délicieux.

Cependant, le goût développé des sports, et l'orgueil ambitieux d'innombrables individus, feront que l'armée, victorieuse des guerres sociales, se maintiendra dans les cités, comme une élite applaudie, mais prudente, très soigneuse de ne pas exciter les défiances d'une masse rebelle à toute loi. Ecole de mécanique et d'agronomie, la caserne sera fréquentée comme nos universités modernes. Les soldats exécuteront les besognes des champs et des ateliers où se rendront les réservistes du travail appelés plusieurs mois dans l'année. Car, l'esprit d'indépendance excessive aura répudié tout labeur que n'imposera point la baïonnette. Hors des périodes militaires, chacun se prélassera sans effort, dans une aise peu décorative. La race épaissira davantage. Elle n'en demeurera pas moins redoutable à l'empire du centre qui, menacé par les paysans de Russie, se tiendra sur la défensive, comme le sanglier dans la bauge.

Si M. Jules Guesde a prédit juste, si la révolution sociale s'accomplit vers 1910, on peut augurer que l'Europe offrira cet aspect au petit-fils de Guillaume II, lorsque, vers 1937, il apprendra tout son rôle de monarque afin de savamment défendre un empire sans autre appui que l'Angleterre et l'Italie, demeurées seules en l'état présent. Cet avenir nécessite une éducation particulière du Hohenzollern nouveau-né. Mais, il nécessite aussi pour notre jeunesse destinée à connaître les secousses des guerres sociales, une éducation virile et très instructive.

Car l'aristocratie prussienne prévoit, dès maintenant, le probable d'une semblable évolution. De là cette série d'attaques contre la France de socialisme fervent et opiniâtre que l'on

rieure à celle de nos génies. Exceptons Virchow et, surtout, Mommsen, qui, dans son histoire, magnifiquement, réédifia la Rome antique, et selon les clairvoyances les plus louables. Certes, les autres sont des hommes patients, des exégètes méticuleux, des chimistes que ne rebute aucune difficulté de laboratoire d'excellents vérificateurs de faits. Ils accomplissent des besognes de commis ponctuels. Jamais ils ne produisent une synthèse, une théorie propre à transformer les conceptions acquises des élites humaines; tandis que Darwin et Spencer, par exemple, doivent à nos Lamark et à nos Auguste Comte les suggestions de leurs pensées.

Cependant, et je l'ai déjà relaté ailleurs, le journal conservateur anglais, le *Standard*, remarqua combien il était injuste d'affirmer la déchéance mentale de la France, à l'heure où ses ingénieurs réussissaient, avant les autres, la première immersion complètement satisfaisante des sous-marins, expérience tentée vainement, depuis dix ans, dans tous les grands Etats, et qui exigea les connaissances les plus subtiles, les plus raffinées, les plus complexes en physique, en mécanique, en nautique.

Néanmoins, les personnages interrogés par les

enquêteurs de la revue *Die Zeit* qui se publie à Vienne, ont encore répondu dédaigneusement aux questions posées sur l'influence de notre esprit dans le monde. La plupart se vantèrent de ne savoir que nos vaudevilles, en assurant que c'était là vraiment la caractéristique de notre âme. Ainsi, les abominables comédies de nos boulevards ruinent, à l'étranger, le prestige du pays et nous font considérer comme un peuple de bouffons, de gourgandines, avec approbations officielles de nos ministres successifs, de nos Académies, dont fut Labiche, non Flaubert.

Cette injustice de l'étranger à notre égard se manifeste perpétuellement, selon une sorte de mot d'ordre partout entendu. L'année dernière, quand il fut question d'obtenir des journalistes allemands, leur avis sur la presse française, l'un d'eux résuma fort bien l'opinion générale de ses confrères, en déclarant qu'il parcourait seulement nos gazettes, pour se délasser, la lecture des autres ayant accablé son cerveau par la magnificence des pensées américaine, danoise, autrichienne et espagnole. Or, quand nous ouvrons, par hasard, une feuille publique de langue étrangère, nous sommes frappés de son insignifiance. C'est une profusion de nouvelles faus-

ses, livrées en bloc, sans commentaires, de can-
cans officiels indéfinis, d'articles politiques sans
argumentation valable, et d'une partialité bizarre. Point de chronique pour tirer des événements une moralité quotidienne, utile et capable de forcer les esprits du public à réfléchir.
Le reporter américain annonce comme une nouvelle à sensation le départ de Mistress Tar-
tempion pour l'Europe, le nombre de ses toilettes, la race de ses affreux petits chiens, et la
valeur de ses perles. Cela tient trois et quatre
colonnes, avec titres, sous-titres, points d'excla-
mation, tirets. Puis, viennent une dizaine de ca-
nards invraisemblables; enfin, de petites histoires niaises, qui seraient déjà bébêtes pour
nos écoliers de douze ans, mais que tolère la
foule yankee. En Allemagne, ce sont des tar-
tines pompeuses, d'inépuisables rengaînes mé-
lodramatiques sur la mission historique du peuple allemand, vertueux, fort, prolifique, impérial, qu'encensent perpétuellement les phrases
d'une rhétorique naïve et sentimentale. Point
de critique, sauf à l'égard des autres nations,
pourvues, à les en croire, de tous les défauts.
A moins qu'un mot d'ordre n'oblige les plumitifs
à chanter les litanies momentanées de la Sainte-

Russie, ou celles du sultan, selon les nécessités de l'heure diplomatique. Peu d'indépendance. Une discipline dictée d'en haut. Ailleurs, les sectes politiques s'accusent, se vouent aux gémonies, suscitent des scandales, ainsi que cela se passe chez nous, dans la presse politique de dernier ordre. Celle-ci ressemble assez exactement aux journaux étrangers qui mènent l'opinion des peuples, qui tiennent la première place outre mers et frontières. Nos derniers sont, là-bas, les premiers. Evidemment, il faut mettre hors de pair l'aristocratie des gazettes, comme le *Times* et le *Standard* anglais, l'*Evening Post* américain, *La Gazette de Francfort* et *La Gazette de Cologne* allemandes, la *Neue Freie Press* autrichienne, la *Tribuna* italienne, etc... Mais encore ces différents organes ne sont que les égaux de nos meilleurs, sans contenir toujours la même variété d'idées, le même souci d'exactitude équitable. On sait comme la presse d'Angleterre, et la plus sérieuse, se fait allégrement adresser des dépêches tendancieuses de tous les points du globe, afin de servir sa politique exclusive. Or, tout cela saute aux yeux des personnes intelligentes. La plupart des directeurs des quotidiens étrangers n'en furent pas moins désagréables pour leurs collègues de France.

On se dissimulerait à tort l'importance d'une pareille hostilité. Journalistes et savants rivalisent à l'envi pour déconsidérer notre race à la face du monde. Les infortunes passagères de l'Italie et de l'Espagne, justifiant peut-être la pitié qu'ils affectent à l'égard des pays latins, ils s'efforcent de nous englober dans la même catégorie de décadence. C'est une tactique, et la plus opiniâtre. Pendant que notre gauche gouvernementale semble accepter les belles théories humanitaires de l'internationalisme, pendant qu'elle affecte de répugner à tout conflit, de laisser notre marine dépérir, et de miner, par la loi de deux ans, la puissance de notre armée de terre, pendant cet essai généreux vers une paix universelle, les pangermanistes détruisent, chaque jour, ce qui nous reste de sympathies fidèles sur la planète. Leurs docteurs nient notre science, leurs artistes notre talent, leurs journalistes notre capacité à soutenir notre opinion saine et normale. Abusant de nos vaudevilles et de nos pornographies, ils répètent que cela seul nous désigne à la risée et au dégoût des hommes, comme si nous-mêmes nous efforcions

de représenter l'Allemagne, ainsi qu'une taba-
gie pleine d'ivrognes, puant l'odeur grasse de
la charcuterie, sans jamais nous entretenir de
Wagner, de Nietsche, ni de Rœntgen. Ils s'empa-
rent de nos railleries sur nous-mêmes, ils s'ap-
proprient les critiques sévères dont nous châ-
tions franchement nos péchés, pour feindre de
croire à nos seuls défauts, pour omettre les
mérites que ces défauts supposent. Inconsciemment chez beaucoup, consciemment chez quelques-uns, ce travail de malveillance inique s'accomplit chaque jour.

La *Revue des Idées* rechercha quelles raisons
instinctives poussent tant d'Allemands de l'élite
à nous être désagréables. Fort perspicace, l'auteur attribue à notre scepticisme la cause principale de cette animadversion. En effet, depuis
Montaigne, le plus français des Français, notre
esprit s'évertue à présenter tous les problèmes
sociaux avec les deux paidoyers du pour et
du contre, sans négliger aucun des motifs utiles aux diverses conclusions possibles. Cet exercice quotidien, durant plusieurs siècles, induisit
notre race à l'impertinence. Elle sourit volontiers de qui se croit certain. L'immuable lui
semble un mythe. Demain ne lui paraît pas de-

2.

voir être nécessairement l'apogée d'hier. Un
Français instruit se défie des certitudes et des
convictions. Il n'assume que la responsabilité
d'une préférence.

Au contraire, l'Allemand est un animal dé-
ductif. Il lui faut des bases cimentées, et des
dogmes très fermes. Il vise à des buts qu'il
s'assigne, et qu'il entend bien joindre. Il cons-
truit, sur les principes pesants, d'énormes hypo-
thèses philosophiques et morales. Ensuite, il
les vénère sans les discuter. L'ordre établi se
pare d'un caractère quasi-divin. Chaque exception à la règle est criminelle. Le « doctor » se
méfie des intuitions par lesquelles se développa
notre génie, même scientifique. L'Allemand est
un architecte qui a foi dans la solidité mathéma-
tique de ses colonnes. Le Français est un avocat
qui aime plaider contre sa cause, jusqu'à l'heure
de discourir pour elle. L'architecte et l'avocat
auront toujours de la peine à sympathiser.

En outre, l'Allemand exige que l'homme d'é-
tudes soit tout d'une pièce. Il le veut muni de
lunettes, habillé trop simplement, chaste et can-
dide. Qu'un historien français, marque les conséquences d'une passion amoureuse dans la vie
d'un prince, qu'il les commente, qu'il en dé-

duise, même évidemment, les résultats politiques, cela, sans doute, exaspère le Teuton. En publiant quelques travaux sur Byzance, j'avais relevé, d'ailleurs timidement, les habitudes sentimentales de la grande Irène et leur influence sur certaines manies de son gouvernement. Aussitôt, les byzantinisants d'outre-Rhin m'accusèrent d'avoir confondu cette impératrice avec Mme de Pompadour. C'est qu'ils connaissent bien mal Mme de Pompadour. Mais ils pensent, a priori, que nous sommes incapables de savoir, puisque les vices des femmes nous intéressent. Syllogisme vraiment téméraire.

« *Nous vous méprisons toujours un peu, parce que vous vous plaisez dans la société des dames* », disait un Allemand de l'élite. La *Revue des Idées* consigne ce propos caractéristique. Nous sommes capables de volupté, et de profondeur à la fois. Incapables de cette double fonction, les gens du Nord ne la veulent pas connaître. Le jour où Parnell fut convaincu d'adultère, le monde britannique l'estima déchu de ses talents politiques mêmes. Son parti sombra.

Or, depuis trente ans, l'Allemagne s'efforce à se particulariser. Le sens de sa victoire militaire aussi bien qu'économique l'infatue superbement. Il y a de quoi. La « Germania » s'imagine, comme l'Union américaine, être le plus grand peuple du monde, celui destiné à parfaire la synthèse des patries, soit par la persuasion et l'autorité de son intelligence, soit par la force de ses armes. Elle entend fonder les Etats-Unis d'Europe, au bénéfice de son prestige, comme le Nord puritain fonda les Etats-Unis d'Amérique, au bénéfice de New-York, de Boston, de Philadelphie, de Baltimore. Aussi prétend-elle justifier les violences possibles de cette œuvre par la précellence de son génie civilisateur. Et, pour faire croire à cette suprématie mentale, elle nie brutalement, simplement les facultés des autres peuples continentaux, en se donnant une allure d'impartialité par de vagues hommages rendus à l'esprit britannique.

Voilà comment l'élite des Teutons comprend l'internationalisme : une synthèse des patries continentales accomplie par son influence ou sa force, maintenue par la poigne de sa hiérarchie militaire.

Rien ne confirme mieux notre appréhension que le succès d'un livre publié là-bas. « Der

Weltkrieg », la guerre mondiale (rêves allemands) : tel est le titre.

On y suppose qu'à la suite d'un conflit
sur la frontière des Indes entre Anglais et
Russes, les Français et les Allemands s'unis-
sent au tsar, afin d'anéantir la puissance britannique. Cette alliance triomphe. Mais... notre
flotte et la germanique opèrent sous le commandement du prince Henri de Prusse ; et quand
nos troupes entrent à Londres, mêlées à celles
du kaiser, c'est Guillaume II lui-même qui les
mène. Hambourg écrase Liverpool, grâce à la
vassalité de la Russie et de la France, accep-
tant la seigneurie des Hohenzollern, c'est-à-dire
des hobereaux militaires agrariens. La paix faite,
on ne nous restitue point, naturellement, l'Al-
sace ni la Lorraine. On nous adjuge la Belgi-
que, moins Anvers, occupé par les Allemands,
c'est-à-dire l'écrin moins le trésor, tandis que la
Hollande, avec ses colonies, se résignent au protectorat de Berlin. L'Egypte nous est rendue,
cependant.

Si l'on devine les intentions visibles de l'auteur, on aperçoit bien qu'il écrivit, dans ce volu-
me, la première phase seulement de l'absorption
générale à quoi se vouent ses rêveries. Le reste

va de soi. Les Etats d'Europe s'uniront sous l'hégémonie prussienne, après s'être alliés à l'occasion d'une guerre économique contre l'Angleterre. Ce sentiment fut, une heure, celui de tous les gens avisés qui boivent leur bière dans des pintes de grès, entre Strasbourg et Dantzig. Soutenir les Russes dans leur expansion vers l'Extrême-Orient, accueillir leur nouvel emprunt dans les banques de Berlin, puis les pousser doucement au combat contre les John Bull détestés dans la steppe, maudits devant les icônes ; entraîner la France, selon l'accord de la Duplice, dans cette bagarre, et en tirer une formidable victoire germanique, exclusivement germanique, préliminaire d'autres triomphes, ce fut le plan de la bourgeoisie qui pérore Sous les Tilleuls.

Je n'affirmerai point que les personnes très intelligentes, très averties, très mesurées, pensent de même dans les cabinets diplomatiques. Mais elles ne s'égosillent pas, afin de démontrer l'improbable d'une pareille aventure. Car il importe que l'Allemagne puisse gagner, à son commerce, de sérieux débouchés coloniaux, et que son orgueil réalise le souhait du pouvoir européen. De là cette injustice tantôt inconsciente, tantôt conssciente a l'égard de notre mentalité française, injustice imitée par les autres races. De là ce souci de justifier une prédominance définitive, en nous déniant toute supériorité mentale, toute égalité même, tandis que l'on attire, par de rares politesses, notre confiance diplomatique.

De là cette série de manigances qui nous interdit de traiter avec l'Angleterre seule, de nous allouer, au Maroc, les avantages achetés par le sang de nos pères répandu à la bataille de l'Isly, de 1844. De là cette hostilité manifeste dans Algésiras, et si menaçante pour l'Europe entière que toutes les nations, sauf l'Autriche, se coalisèrent selon les conseils d'Edouard VII persuasif à Carthagène et à Gaëte comme à Paris. De là le meurtre plus allemand que maure de notre docteur Mauchamp, et des ouvriers de Casablanca. L'allemand va jusqu'au crime quand il s'agit de dominer, de soumettre à son pouvoir des races récalcitrantes et des énergies rebelles.

Tel est l'ennemi contre lequel il faut armer l'esprit de notre jeunesse.

les races nordiques, dont les fils, Normands
et Germains, se précipitèrent sur le centre, sur
le Midi de l'Europe, pour se substituer à l'anarchie slave, à la domination romaine et byzan-
tine. Autant que la science actuelle nous permet
de le croire, la Scandinavie semble avoir été
la Mère Gigogne de ces navigateurs audacieux
qui débarquèrent au Danemark, gagnèrent les
Brandebourgs et les Mecklembourgs, pullulèrent
en Saxe, détruisirent les légions de Varus, che-
vauchèrent avec les Visigoths jusqu'en Espagne,
avec les Goths jusqu'à Rome, atterrirent avec les
Vandales en Afrique, chassèrent les préfets et
les stratèges, puis, Francs, imposèrent aux colons
des municipes gallo-romains, le féodalisme héréditaire inventé dans le fond des fjords norvé-
giens. Ils firent pleurer Charlemagne en remon-
tant la Seine sur leurs barques garnies de bou-
cliers. Ils coururent à l'appel des Slaves pour
mettre le holà entre les hordes se disputant Kiev
et Moscou. Ils régnèrent sur ces villes, et fondèrent l'hégémonie russe. Ils conquirent la Sicile et la Calabre pour instaurer le royaume de
Robert Guiscard. Angles, ils couvrirent les mers
de leurs flottes, et plantèrent leurs pavillons
dans les cinq parties du monde.

Nous devons à feu Demolins une théorie fort
claire et séduisante sur ce sujet. Elle semble
justifier, en quelque manière, les opinions des
pangermanistes, vraies pour l'évocation de l'ancien temps, mais fausses pour les conséquences
saugrenues qu'ils en tirent avec cette jactance ·
pétulante et coléreuse propre à leur atavisme
de Barbares. Au cours de ses travaux ethnogra-
phiques, Demolins fut induit à rechercher les
causes de ces migrations. Selon lui, le petit es-
pace de terrain réservé par la nature au semeur
et au pasteur scandinaves, entre le fjord rocheux
et la montagne boisée, fut, de bonne heure, trop
étroit pour nourrir la nombreuse descendance
de ces prolifiques. Or, la culture de terres mor-
celées par le partage n'est fructueuse que grâce
aux subterfuges d'une science agronomique déjà développée. Aux temps primitifs, le système
des jachères et des grands pâturages semblait
exclusivement possible. On labourait mal les
seuls endroits dont l'humus était extrêmement
fécond. Une fois cette parcelle épuisée par deux
ou trois récoltes, on l'abandonnait pendant une
longue période. De là, l'obligation pour la famille
patriarcale de posséder un domaine étendu, dont
le rendement nourrissait peu de monde, en som-

me. La postérité venait-elle à s'accroître, c'était
la famine. Donc, il fallut établir la coutume de
désigner un héritier unique. Les fils exclus durent ailleurs chercher fortune. Pêcheurs, ils par-
tirent sur leurs nefs à la conquête des îles et des
côtes. Ils remontèrent les fleuves, parvinrent au
cœur des pays riches, d'abord en pillant. Plus
tard ils s'installèrent. Le Danemark, la Germanie
septentrionale, la Finlande, et la Russie, d'une
part; l'Angleterre, la Normandie, puis la Sicile
et la Calabre, d'autre part, devinrent les domaines des Siegfried et des Sigmund, des Parsifal,
des Rollon, des Rurik, des Robert Guiscard. Et,
dans tous les lieux où ils triomphèrent, le principe de l'hérédité unique fut bientôt transformé
en droit d'aînesse, tandis que les vaincus, asser-
vis au travail de la glèbe devenaient les serfs.
Le féodalisme agricole fut institué par les mi-
grateurs vikings. Et, partout, il organisa les
républiques ou les empires en comtés.

Une telle vérité autorise les Allemands à pré-
tendre que toute la noblesse de l'Europe est d'o-
rigine scandinave et germanique. Elle les autorise encore à penser que, dans le pays des
Saxons, fut instaurée la première administration
féodale, que la Saxe germanique est l'aînée des

aristocraties, qu'elle a le droit ancien de leur commander. De fait, notre noblesse entière descend des Francs, tribu germanique.

Fils d'un émigré, le comte de Gobineau, né en 1816, et qui fut diplomate jusqu'à la fin de l'Ordre Moral, a soutenu cette thèse. Hostile aux Romains et à la civilisation latine, dont la Révolution fut la revanche sur les Barbares, ce remarquable écrivain affirma que toute l'aristocratie française était de race germano-scandinave. Par conséquent, il était logique qu'en 1792, les émigrés se fussent concentrés à Coblentz pour combattre, avec le duc de Brunswick et les Impériaux, leurs serfs gallo-romains révoltés.

Gobineau fut l'intime de Wagner, dont le génie sut immortaliser la légende nordique où s'évertuent Parsifal et Lohengrin, les Niebelungen et les Valkyries, tous les héros qu'imitèrent les Rollon et les Rurik. L'entourage de Wagner admira profondément les idées du comte de Gobineau, les promulgua par toute l'Allemagne. Depuis la mort de ces deux hommes, les continuateurs de leur œuvre persévèrent dans le même apostolat. Des sociétés s'assemblent pour faire connaître l'œuvre de Gobineau. Le succès grandit chaque jour, au delà du Rhin. On comprend pourquoi. Un diplomate français, mort seulement vers 1880, à reconnu que toute l'aristocratie, que toute l'excellence de l'Europe doit au sang nordique ses énergies, ses victoires, son affinement, ses élégances et sa mentalité. De cette thèse, une nation disciplinée comme la nation allemande, et très dévote à l'égard de son empereur, de sa noblesse, de ses traditions, déduit volontiers que si l'Occident moderne lui doit son aristocratie, il lui doit, par cela même, les avantages de son histoire. Autant dire que l'Allemagne, depuis le temps de Clovis, gouverne la France par l'entremise de ses fonctionnaires mérovingiens, carlovingiens, capétiens et Bourbons. Notre pays, avec les autres, ne serait, depuis quatorze siècles, qu'une préfecture de cet empire qu'illustrèrent Frédéric Barberousse et les derniers Hohenzollern.

Pour audacieuse que soit la doctrine en ses conclusions pangermanistes, elle s'appuie sur des arguments. Et, tout d'abord, Gobineau fut un ethnographe aux intuitions curieuses. Ses ouvrages méritent qu'on les étudie. Certes, la science contemporaine infirme quelques-unes de ses allégations. Depuis qu'il disserta sur l'Aryanisme historique, on a découvert que les Aryas ne constituaient pas une race, mais une parenté de races civilisées à un même degré, et utilisant le sanscrit pour langue de transactions, comme. les marins français, les nègres et les Chinois de notre temps utilisent l'anglais. D'autres critiques importantes diminuent l'œuvre de Gobineau sans détruire totalement son excellence. MM. Ernest Seillère, Morland et R. Dreyfus composèrent sur ce penseur et ses dogmes, des livres révélateurs. L'Allemagne lit, discute, commente, admire les théories du diplomate français. Elle en extrait avec enthousiasme mille raisons de se vanter.

L'erreur tient à la simplification vulgaire des thèses scientifiques. Ainsi non seulement la foule, mais, les intellectuels mêmes sont disposés à croire que l'atavisme conduit la vie des hommes et des peuples, sans le secours d'aucune autre force naturelle. Il y a quelque vingt ans, on erra de même, lorsque les lecteurs de Darwin eurent répété l'expression de « lutte pour la vie », et celle de sélection « naturelle ». Maints et maints jeunes gens se crurent en accord avec la science, parce qu'ils jouaient des coudes sans scrupules, au milieu de la cohue sociale. Aujourd'hui, Nietzsche est le parangon de sots pareils. Nous venons de voir, pendant plusieurs années,

les Benjamins et les Mathusalems du nationalisme déclarer que la France gallo-romaine fut
gouvernée selon ses véritables principes, par la
noblesse de l'ancien régime, autant dire par la
conception allemande du gouvernement, conception qu'ils nous offraient comme la véritable
efflorescence du génie celto-latin. Contradiction
monumentale !

En vérité, les choses de la sociologie semblent
autrement complexes. Les influences de l'atavisme peuvent entrer pour une part dans la
somme des forces qui déterminent les destinées
d'une nation; mais les influences du climat, celles de la géographie, celles des religions, la com-
bativité indispensable aux besoins dans un pays
pauvre, les attractions et les affectivités pro-
duites par la quiétude dans un pays riche que
défendent des montagnes, un fleuve, la mer, ce
sont là des facteurs non moins importants, chacun, que l'atavisme des origines. La venue des
messies, de conquérants, de financiers, de poètes,
modifie encore la matière d'évolution. Au retour des croisades, toute la société française
se transforma, parce que ses chevaliers avaient
parcouru des régions nouvelles, connu d'autres

civilisations. Quand les Sarrazins et les Turcs
eurent chassé les Grecs des Balkans, ceux-ci,
réfugiés en Italie créèrent l'esprit de la Renaissance, qui prépara la révolte de Savonarole et
le protestantisme de Luther, son disciple indi-
rect. Jusqu'à la victoire de la Réforme, le clergé catholique libre, sensuel, artiste, curieux, vivant, fournit des penseurs et des créateurs sans
pareils. Pour répondre aux reproches de Luther,
les pontifes fixent le dogme, châtient les mœurs
des couvents, surveillent le célibat des prêtres,
maudissent la lecture, la science; et, tout à coup
le clergé français perd son intelligence ouverte.
La religion se renfrogne, rebute les esprits libéraux. Les Jésuites voient le péril. Les jansé-
nistes l'appellent. Les libertins se multiplient.
Voltaire va naître, et le prestige catholique décroître avec une stupéfiante rapidité. Voilà des
influences très différentes de l'atavisme origi-
nel, et qui, cependant, ont agi profondément sur
la conscience de notre peuple.

Au contraire, les féodaux conquérants ne purent jamais imposer leur idiome à leurs serfs.
Le clerc et l'évêque maintinrent parfaitement les
patois latins, conservèrent le code Justinien mal-

gré la loi scandinave. Les municipes gallo-romains récupérèrent assez promptement leur vitalité particulière en se nommant communes, en opposant aux seigneurs le Roi qui centralisait, selon la mode augustale. Communes, états généraux, révolution, et voilà l'esprit du forum vainqueur de ses maîtres. L'influence de l'atavisme franc disparaît sous la puissance de la culture latine. C'est le légionnaire Caïus Gracchus qui a guillotiné Louis Capet, barbare.

La Révolution nous donne le droit de réfuter toutes les thèses pangermanistes. Nous sommes les gens du Forum, parce que nous l'avons faite, en décapitant l'usurpateur, fils des Vikings et des Germains. Lorsque l'Espagne et l'Italie s'unissaient à l'Autriche, elles trompaient tout le vœu de leurs ancêtres ; elles livraient la Séville de Trajan, et la Rome d'Auguste aux convoitises des Goths. Il est douloureux de rappeler ces défaillances de nos frères latins, alors que toutes les races nordiques, déjà si liées par le protestantisme, s'efforcent vers la cohésion prochaine. Notre individualisme nous a dissociés. Nous avons été rivaux au lieu de fraterniser. Quel pape de génie saura faire pour le catholicisme latin, ce que Guillaume et son élite tentent pour le protestantisme nordique? Quel messie opposera le rêve latin au rêve germain?

CHAPITRE IV.

Les vices de l'éducation nationale

Un messie se manifeste lorsqu'une élite a chéri longtemps un espoir, fils de souffrances populaires, d'appétits nationaux, de passions vigoureuses, et de souhaits anciens. La multitude passive engendre des foules actives et audacieuses qui expriment cet espoir par la rébellion. Les foules produisent les bourgeoisies législatrices dès que naissent les talents critiques. Entre ces talents, les génies à pouvoir de synthèse se forment. Ils fécondent les cerveaux des enthousiastes, plus médiocres, mais capables d'apostolat. Le peuple écoute ceux-ci. Ils sont le ou les messies. Donc, le talent critique semble le facteur nécessaire d'une idée nouvelle. Comment apercevoir parmi la jeunesse, les talents, comment distinguer les âmes de pauvres, de faibles, de méchants, de passionnés, d'étourdis, d'instinctifs et de stupides, comment discerner les âmes ?

confond les temps, ou commet deux contre-sens grammaticaux. Et le benêt qui, n'oubliant point la règle mnémonique de la syntaxe, livre une copie de style plat, d'imagination nulle, d'incompréhension évidente, celui-là sera placé devant l'autre. Un écolier peut écrire une abondante rédaction, riche en anecdotes typiques, en vues larges, révélant des lectures bien comprises. S'il oublie une date, où s'il estropie le nom d'un militaire, son devoir sera mal loué. Par contre, on encouragera le disciple à la mémoire méticuleuse qui distingue sans hésitation les formes ioniennes et doriennes du verbe grec. Autant dire que les qualités mécaniques de l'esprit sont prisées seules par le maître, et que les vertus de l'initiative mentale sont atrophiées soigneusement par lui.

Je n'ignore pas que je vise ici les défauts de ceux qui m'enseignèrent les humanités durant ma lointaine enfance. Aujourd'hui, les candidats à l'agrégation d'histoire obtiennent enfin qu'on leur permette l'usage, pendant les épreuves, d'un dictionnaire biographique et de chronologies. Les professeurs qu'ils vont devenir ne seront plus seulement des vérificateurs contrôlant les dates, les chefs-lieux de sous-préfectures, les noms des plus infimes combats, et les généalogies complètes des familles royales. Cela seul indique un changement dans les coutumes des Facultés, de tout le corps enseignant. Espérons qu'il formera une élite française différente de celle dénoncée par les sentiments propres au public actuel de nos théâtres.

Pendant toutes les années de ma servitude universitaire, je remarquai comment, de la sixième à la rhétorique, et quelles que fussent les modifications des cours, les cinq mêmes élèves occupèrent sereinement les premières places, sans que jamais un écolier de la moyenne parvînt jusqu'à leur rang. Or, dans cette moyenne, nous comptions les intelligences les plus avides, les lecteurs les plus acharnés de la maigre bibliothèque commune, les loustics les plus spirituels. Si profond que demeure mon respect pour les hellénistes à qui je dois mon savoir minime, jamais il ne m'arrivera d'admettre qu'une équité saine et absolue condamna justement les ardentes intelligences de la classe à ne pas connaître la gloire du banc d'honneur et les succès du palmarès. Certainement, quelques-uns durent, à plusieurs reprises, dans

leurs compositions, parfaire des devoirs excellents. Prévenu contre eux par les étour-
deries, les contre-sens habituels, et l'inexac-
titude de leur travail, le professeur négligea de
couronner ces élèves irréguliers, quoique doués
d'initiative mentale. Tandis que les cinq cerveaux
à mémoire constante demeuraient dans les « si-
tuations acquises ». De ces immuables, je n'en-
tends plus parler. Probablement, deux ou trois
remplissent dans les lycées des fonctions péda-
gogiques, et sans compétence notoire. Leur prudence y continue les errements traditionnels de
la scolastique. De l'un, on a conté quelques
vilenies.

Au contraire, les élèves de la moyenne pro-
duisirent les caractères qui s'évertuent aujour-
d'hui avec excellence : brillants officiers et marins, docteurs célèbres, négociants audacieux
par delà les océans pour la conquête de fortunes rapides, politiciens, érudits. La moyenne
de la classe, cette moyenne méprisée et punie
par le professeur, cette moyenne qui passa en
retenue les trois quarts des récréations et des
jours de sortie a muni de force l'élite: Donc
les professeurs de ma jeunesse ne surent en
aucune façon discerner les énergies véritables

entre celles communes à l'ensemble du troupeau.

Si le pédagogue échoue, parce que, pour tout critère, il mesure la faculté mnémonique, comment son élève, devenu le juge, saura-t-il estimer les âmes promptement, au cours d'une seule audience, après la lecture d'un dossier concis ? La tâche semble autrement difficile. Pourrons-nous espérer qu'elle s'accomplisse avec équité, tant qu'une série de préalables épreuves n'aura pas instruit le magistrat ? Et ces épreuves, quels innocents les subiront ?

Déjà les robins prétendent que le personnel judiciaire compte trop peu de membres. On n'a point de chats-fourrés en nombre pour expédier les affaires urgentes ; et le délinquant doit attendre son tour de bête traquée. Il faudra se décider à choisir des auxiliaires entre les jeunes avocats stagiaires qui pérorent aux conférences de l'Ordre. Ces écoliers accepteront de siéger quelques heures par mois, afin de remédier au pire état de choses. Que cette fonction momentanée soit offerte en qualité de récompense honorifique par le bâtonnier aux meilleurs de la basoche, cela suffira pour les convaincre de leur devoir. Tous ces délits de petits larcins que l'extrême pauvreté commande, de rébellion contre les agents qui bousculèrent le badaud, de querelles publiques, de manifestations intempestives, se peuvent aussitôt juger, dans un prétoire spécial, au Dépôt même, et, la plupart du temps, lors de la descente du panier à salade. Car, à cet instant, le commissaire a joué déjà le rôle de juge instructeur, entendu témoins et plaignants. Dès qu'on aura mensuré le prévènu, établi s'il n'agit pas en récidive, les stagiaires sauront immédiatement allouer à chacun les quelques francs d'amende ou les quelques heures de prison méritées. Ainsi la peine de prévention ne dépasserait, en aucun cas, le total du châtiment prescrit. Les audiences correctionnelles seraient allégées d'autant; et nous n'assisterions plus à ces scandaleuses séances où trois messieurs bâillant, vêtus de toges noires, condamnent un misérable par minute, sans avoir guère entendu sa réponse ni la courte plaidoirie de l'avocat.

Les trois stagiaires qui constitueraient le tribunal immédiat et permanent du Dépôt, qui succèderaient pour deux heures, derrière la barre, une fois le mois ou la semaine, à leurs collègues de l'équipe précédente, ne jugeront pertinemment que si leurs maîtres leur apprirent à discerner. Il importerait qu'à la conférence, ils lussent des rapports consignant leurs impressions, relatant leurs sentences. Avec les maîtres et les émules, ces juges de la veille discuteraient leurs observations. Certaines théories utiles s'édifieraient vite. La science de discerner les âmes pourrait naître en ce milieu du moins.

Elle est nécessaire. Quelques-uns s'étonnent de voir sans cesse l'intrigue atteindre au triomphe mieux et plus vite que le talent, que le génie. C'est précisément cette science difficile de discerner que le monde approuve dans l'homme joignant à quelque mérite professionnel la sagacité de l'intrigue. Analyser promptement le caractère de celui qu'on aborde, deviner sa tare (avidité, orgueil, luxure, gourmandise, envie), puis se l'attacher par les largesses, la flatterie, la proposition de la débauche, l'invitation à dîner, ou la satire des heureux, c'est, pour l'intrigant, un jeu délicat et qui le paye. Il démasque l'impassible et l'ironiste. Il fait par là montre d'une intelligence spéciale que nous accusons à tort d'être sans valeur. Certes, la franchise, la noblesse des sentiments, la morale se trouvent offensées par l'exercice de ce talent.

Toutefois on ne peut empêcher les gens d'admirer qui sait vite les connaître, soupeser leurs faiblesses et les atteler au char de sa fortune. « Il a du discernement », disent de lui les vieillards. C'est de la science agie, sinon écrite. L'intrigant fait ses preuves d'érudition psychologique. A ce titre, il serait le meilleur juge, aussi bien que le meilleur pédagogue, à supposer que la nature l'eût pourvu de la mémoire des codes et des syntaxes. L'art de gouverner, dépend de cela, car seul l'intrigant sait jauger les forces disponibles des individus, et les lâchetés qu'il tiendra dans sa main, ainsi que les rênes des énergies, en menaçant à point la cupidité, l'orgueil ou la luxure du serviteur.

Notre corps enseignant doit apprendre à discerner.

DEUXIÈME PARTIE

La formation des hommes futurs

CHAPITRE V

L'indépendance des maîtres

Pour tumultueux que soient les mille instituteurs syndiqués et réclamant le droit de s'af-
filier à la Confédération du travail, trente mille
autres se tiennent cois ; moroses et résignés. Ils
se dépitent.

On prévoit, en effet, l'époque assez prochaine
ou le recrutement des instituteurs deviendra difficile. Bien moins nombreux sont les candidats
à l'admission dans les écoles normales. De ce
fait, le niveau intellectuel des examens fléchit.
N'ayant à choisir qu'entre peu d'esprits, les juges doivent préférer les moins ignorants au lieu
d'élire les plus instruits. Comme le disent avec

logique les gens de l'opposition, les maux de la patrie demeurent imputables au suffrage universel. Depuis 1850, il soumet la France au triomphe des médiocres. Les fondateurs de la Troisième République espéraient que le maître d'école éduquerait les électeurs. En deux générations, pensaient-ils, l'intelligence du peuple se serait accrue suffisamment pour voter en faveur des moyens remarquables par leurs facultés mentales ou morales. Il n'en a rien été. Les Parlements, ceux de l'étranger comme le nôtre, se constituent avec les éléments inférieurs de l'élite bourgeoise. Alors que des hommes illustres des Sciences, des Lettres, des Arts, de la Philosophie, de l'Armée, de l'Industrie, devraient tenir les deux tiers des sièges, nous ne nommerions pas aisément trente députés ou sénateurs connus pour autre chose que leur habileté à se dégourdir entre les hurleurs de réunion publique, et les tripoteurs finauds des campagnes. L'instituteur n'a point accompli toute sa tâche. Au lieu de laisser dépérir le corps de l'enseignement primaire, il importe, par tous les moyens, de le vivifier.

Il semble fort certain que l'obligation du service militaire imposée aux instituteurs, détourne

les jeunes gens de briguer ce titre. On a fait une
lourde faute en les envoyant à la caserne pour
une année, afin de pouvoir enrôler aussi les
séminaristes. Un garçon habitué à l'étude, s'ar-
range mal de vivre dans la chambrée bruyante
ou retentissent des facéties trop naïves. Il ne
comprend pas le plaisir de ses camarades rus-
tiques; il n'y participe guère. Son goût et leurs
goûts se heurtent péniblement. Pour éviter la ru-
desse d'un tel choc, beaucoup d'adolescents é-
pris de lecture et de méditation se destinaient à
l'éducation des écoliers. Une fois pourvu de son
diplôme, installé dans sa commune, le maître
appréciait peu à peu la joie de dresser les
enfants, de cultiver leurs mémoires, d'y semer
les graines de connaissance élémentaire. Il cul-
tivait amoureusement le jardin des âmes. Cette
horticulture passionne assez vite les hommes
de moralité saine. Puis des ministres adroits
renforcèrent le prestige de l'instituteur. Presque
partout, le bâtiment scolaire fut la belle maison
du bourg. On vint discuter des intérêts de l'E-
tat, dans le préau. Les cours d'adultes furent
établis pour donner au fonctionnaire de l'enseignement une influence, et la mieux justifiée,
sur les habitants. Il pouvait se dire leur con-

seiller, leur ami. Il leur apprit des procédés
agricoles. Il les fournit de recettes chimiques
et médicales, de prescriptions vétérinaires. Il
aida ses disciples à combattre le phylloxera et
le mildew, à fumer les terres au moyen des
phosphates et des nitrates, à s'associer pour
l'achat des machines, à former des Syndicats
agricoles crédités par les Banques régionales,
à constituer des Sociétés de secours mutuels.
Les éditeurs envoyèrent à l'école de superbes
images. On lui loua des lanternes à projections lumineuses pour faire apparaître les pays
lointains et les magnificences des villes devant
les assistances. Secrétaire de la mairie, l'instituteur prit quelque influence sur les décisions
municipales. L'école parut se substituer à l'E-
glise, et le maître au prêtre de l'ancien régime.
L'ampleur de ses connaissances pratiques ren-
dit son œuvre précieuse. Et c'était là une position respectée, enviable.

Malheureusement, les politiciens n'eurent
point de repos avant d'avoir transformé le maître en agent électoral. Préfets et députés con-
traignirent les inspecteurs de l'enseignement
primaire à le punir s'il marquait de la répu-
gnance pour la besogne propagandiste. D'autre

part, radical on favorisa les pires sujets, s'ils mettaient bruyamment au-dessus de leur mission scolaire le souci de faire triompher un nom. Le succès ou l'insuccès des partis fut imputé à l'entregent ou à la mollesse de l'instituteur. Luimême ne sut bientôt où donner de la tête entre les candidats représentant la même couleur politique, sinon les mêmes nuances. Il ne sut qui soutenir, du socialiste, du radical, du progressiste, pour conserver sa quiétude et sa place. Le radical battu le dénonça, le poursuivit de sa haine dans les antichambres de la préfecture, et le fit blâmer dans les vestibules du ministère. Le socialiste évincé agit de même. Mais, le progressiste élu ne disposa point d'un crédit suffisant pour garantir son protégé contre tant de sénateurs et de députés ennemis, se vouant aux rancunes de leur clientèle. Le pauvre maître d'école paya tous les pots cassés. Il se vit privé d'avancement, parfois déplacé brutalement, ou même révoqué. A ce spectacle, les paysans oublièrent tout respect; ils le menacèrent de votes contraires aux vœux du Pouvoir, s'il ne tolérait pas que leur progéniture s'absentât de l'école pour aider aux travaux du ménage, à ceux des champs.

tière d'innombrables armées. Voilà le danger que créa le politicien. L'instituteur livre la nation pieds et poings liés à ses ennemis.

Comme le soldat, l'instituteur aurait dû être éloigné de toute la parade électorale. Là n'est point son affaire. A notre époque, la politique vit de mensonges, de calomnies, d'affirmations téméraires et de haines bestiales. Pourquoi le citoyen commis à formuler devant la jeunesse l'illusion de la vertu triomphante, de la bassesse punie, serait-il justement désigné pour paraître, en qualité de protagoniste, dans la caste unanimement reconnue la plus vile de la société française, dans la caste des politiciens?

Et, comment, après une campagne électorale, où tous les crimes moraux auront été mis en œuvre, pour assurer les défaites des adversaires, cet homme pourra-t-il venir parler de franchise, d'héroïsme et de grandeur à un auditoire d'adultes, qui l'aura jugé selon les diatribes des gazettes et des affiches?

En un temps où, comme l'indiquent les sanctions des jurys, la morale des Français s'affranchit de toute logique, le prestige des instituteurs doit récupérer une force qui prête à leurs leçons une autorité sans conteste. Nous

avons besoin que le peuple apprenne les éléments de l'hygiène sociale. Il les ignore trop.
En lui rabâchant les détails des assassinats,
des viols, des crimes, en calomniant ses adversaires, le journal démoralise l'esprit national
Ainsi croissent les forfaits commis par les *adolescents* dans une proportion terrifiante. C'est
la mission de l'instituteur que de parer à ce
péril. De sa parole ardente et respectée dépend
le salut de notre avenir. Jusqu'à présent, et
depuis trente-huit années de République, il ne
nous a donné que des électeurs imbéciles en
leurs choix, des éphèbes plus voleurs et plus
assassins, des conscrits traîtres à la patrie latine
et près de la livrer aux soldats allemands, puis
aux ouvriers allemands dont la concurrence
chassera les nôtres des ateliers, enfin aux boutiquiers allemands, de qui l'économie, la so-
briété, l'activité ruineront nos marchands chez
eux.

CHAPITRE VI.

La Maison des Étudiants

« A son espoir, la Patrie l'a donnée ». Telle
est l'inscription qui brille, en Finlande, sur la
Maison des Etudiants. Il n'est pas de meilleure
sentence à graver sur le fronton de l'édifice
dont la Ville de Paris et le Parlement vont pourvoir la jeunesse des facultés. Ils sont notre
espoir aussi, les adolescents préparés par l'éducation latine à régir l'évolution des lois, les
progrès du savoir et l'amoindrissement des
maux dans l'avenir du vingtième siècle. Nous
leur remettons le trésor acquis de nos discipli-
nes et de nos croyances afin qu'ils l'augmentent
au moyen de leurs esprits en accord et qu'ils
épargnent aux descendants nos humiliations, nos
souffrances, nos déboires. Dans cette demeure,
des caractères s'affronteront, des pensées se com-
battront, et, de ces antagonismes courtois, de
ces heurts intelligents, la nouvelle lumière ne
pourra manquer de jaillir.

Paris est le lieu où les initiatives des Français
conçus par les races diverses de nos provinces
viennent se mesurer entre elles, se comparer,
discuter leurs vigueurs et leurs sagesses et former, de ces éléments, une âme, celle de l'élite
nationale, qui, durant une trentaine d'années,
guidera les foules vers leur sort. Les étudiants
représentent le meilleur de ces forces mentales
engendrées aux cimes du Dauphiné, de l'Auver-
gne, dans les plaines de la Beauce, aux bords
de la Loire, de la Seine, du Rhône et de la
Gironde, sur les grèves de l'Atlantique, sous
les oliviers de la Provence et dans les forêts
de Lorraine. Consacrant une maison à leurs
propos, la Ville et l'Etat la dédient à l'espoir
de la grandeur Française.

Rue de la Bûcherie, le Conseil municipal a
découvert le terrain propice. Lieu historique
pour l'université. Là même il fut, en 1369, décidé
« qu'on achepteroit des Chartreux une vieille
maison sise en la rue Buscherie, moyennant le
prix de cent escus d'or... auxquels lieux on com-
mença à bâtir les dites Escholes en l'an 1472.
Et ont été constituées petit à petit de l'argent
qui devoit être distribué aux docteurs pour leur
assistance aux Actes. Et aussi des bienfaits d'au-

cuns d'iceux. » La salle des Actes a subsisté depuis le quinzième siècle. Judicieusement, la commission du vieux Paris recommande à la jeunesse contemporaine de conserver pieusement ce vestige de l'antique monument où fut enseignée la médecine, ainsi que la rotonde, construite en 1744, et où le Danois Winslow, converti au catholicisme par Bossuet, professa l'anatomie. Depuis la Révolution, la Faculté ayant émigré vers des bâtiments plus spacieux, l'ensemble des vieilles constructions : la maison des Troys-Roys, la maison de la rue des Rats, à l'enseigne du Soufflet, celle à l'image Sainte-Catherine, celle des Bedeaux, aménagées, de 1519 à 1744, en manières d'amphithéâtres, furent insoucieusement abîmées. La dernière abrita jusqu'en 1896 les prêtresses de la luxure vénale. Des blanchisseuses tordirent le linge dans la salle des Actes, attribuée à un lavoir, comme nous le conte l'érudition de M. Campinchi, président de l'Association des étudiants, qui réalise enfin un projet longtemps voulu par ses prédécesseurs.

Enfin, les membres de l'A comme ils se nomment, pénètreront bientôt dans l'immeuble que les architectes vont, je pense, édifier en har-

monie avec la rotonde Winslow et la maison
des Bedeaux. Ils discuteront pour les échos de
la salle des Actes, où, du fond des Allemagnes
et de l'Angleterre, les émissaires des nations
venaient jadis entendre la parole des maîtres,
qu'ils propageaient ensuite dans leurs universités propres et fondées à l'imitation de
la nôtre. Car ce fut de notre culture médié-
vale que la Germanie tira la sienne. Les Italiens de la Renaissance aimèrent briller sur
la montagne de Sainte-Geneviève, devant l'auditoire le mieux réputé pour comprendre les
philosophies subtiles, pour s'intéresser aux in-
novations de la science et à la restauration des
arts. Dans la paille de notre rue du Fouare
l'Europe entière a reçu trois ou quatre siècles,
les principes de ses raisonnements, de ses opinions et de ses enthousiasmes, une logique capable de les justifier en chaire, sur le trône,
aux camps. Il a fallu Savonarole et ses disciples, les inspirateurs de Luther ; il a fallu les
guerres de religion et celle de Trente ans pour
changer le centre du rayonnement intellectuel.
L'Angleterre, la Hollande et l'Allemagne obtin-
rent, après l'Italie, ce prestige dont les escholâ-
tres et leurs docteurs avaient muni la France
d'abord.

A se souvenir d'un passé tel, entre les murs

qui l'encadrèrent, nos étudiants du vingtième siècle, pourront goûter l'orgueil de ressusciter cette gloire devant les élites de l'Europe, maintenant nos égales et parfois nos supérieures. Mais il importe que, moralement, matériellement et pécuniairement, nous tâchions tous de seconder leur effort. Effort tout aussi fructueux sans doute que celui de leurs aînés, les inventeurs de la synthèse organique, de la microbiologie, de la radioactivité, de la chirurgie aseptique, de l'automobile, du submersible et du dirigeable, de la critique historique, du nouveau droit international, et de la sociologie. En cette maison des Etudiants, la gloire de notre mentalité latine se perpétuera. Il n'est pas homme de France qui se puisse désintéresser de cette espérance.

La sévérité relative des mœurs qui règnent au quartier latin, de nos jours, promet une jeunesse laborieuse et grave, promptement créatrice de miracles. Ses grands-pères se promenaient sous le second empire, en pantalon à carreaux, la pipe à la bouche, sous la tignasse coiffée d'un béret, d'un gland de soie. Mimi Pinson pendait à leur coude. Déjà, notre génération, plus sérieuse, se tenait rigide dans les carcans

de ses hauts cols, en ses costumes collants de
« boudinés », puis en ses longues redingotes
à taille. Dignement, nous acceptions les souri-
res des hébés mamelues qui montraient leurs
chignons roux et leurs tabliers de batiste à la
porte des brasseries. Ces plantureuses courtisanes ont elles-mêmes disparu. Depuis longtemps, grisettes et verseuses émigrèrent à Montmartre. Le Luxembourg n'abrite plus, sous ses
arbres, les idylles de Murger, ni celles de Ban-
ville, ni celles de Goudeau. Très peu de bache-
lettes semblent mêlées aux groupes imberbes
d'anatomistes, d'économistes, de philologues et
de jurisconsultes qui déambulent en dissertant
sous les statues des reines. Avec le temps, les
candidats se sont multipliés devant les tables
d'examens. Les professeurs purent exiger davantage, pour les titres, de ces concurrents très
nombreux. Bien plus de travail est nécessaire à
qui prétend gagner ses diplômes de licence et
de doctorat. Mimi Pinson était trop jalouse des
livres. La servante de brasserie retenait trop
avant dans la nuit ses amoureux grisés de char-
treuse et de fine champagne. Le lendemain,
ils manquaient le cours. Aussi toute cette joie
d'antan s'en est-elle allée. Les familles bour-

geoises se promènent sur le « Boul'mich » sans avoir à réprouver les mascarades ni les scandales si chers à la tumultueuse adolescence de nos aïeux.

Les étrangers que Paris garde un certain temps s'étonnent volontiers du prodigieux travail qu'y fournit l'élite. Quoi qu'on ait dit, l'Anglais ni l'Allemand ne s'évertuent dans la même mesure. Spécialistes opiniâtres, ils s'acoquinent chacun à une seule recherche et n'ont point ce goût de connaître l'au delà qui nous tourmente, nous autres Latins, qui sans cesse nous contraint d'élargir nos programmes et de totaliser les connaissances voisines et lointaines avec la préférée. Autrement nombreux se comptent ici les chercheurs dont la mentalité avide trouve son expression tantôt dans un Pasteur et un Berthelot, tantôt dans un Poincaré, un Gustave Le Bon, un Le Dantec, un Dastre, un Izoulet, un Bergjon.

Ce besoin d'unir les acquisitions diverses du savoir se trouvera satisfait le mieux quand la Maison des Etudiants leur offrira son asile spacieux, hanté d'impérissables échos. Dans ce club historique, les jeunes gens, tout férus de leurs spécialités, droit, médecine, lettres, philosophie, etc., se communiqueront leurs trouvailles entre des propos gais. Chacun ouvrira la porte de son trésor à la cupidité d'autrui. Probablement, de ces conversations familières s'engendreront mille curiosités qu'on assouvira le lendemain dans les bibliothèques. Le jeune Français de l'élite apprendra la juste corpulence du monde et la multitude infinie des idées, des forces, qui, perpétuellement, évoluent à travers les peuples inconscients.

A connaître plus, notre jeunesse créera forcément davantage, et cela dans une ère où la science devient le principal facteur du triomphe. Puisse, en cette Maison des Etudiants, se préparer les revanches spirituelles qui nous dédommageront un jour, selon l'espoir de la patrie encore saignante, encore humiliée.

CHAPITRE VII.

L'Enfance et son Destin

Jadis, il y eut une enfance fraîche, joufflue, animée de rires, faite de corps potelés, d'innocence, d'enjouement, d'espièglerie. Berquin et les peintres des trumeaux en exprimèrent la grâce. Drouais surtout, l'éternisa par ses petites filles à figures rondes. Assises, vêtues, comme les dames, de corsets à longs buscs, de jupes qui recouvrent à demi les bouffettes des souliers de satin, elles préparent la becquée de la fauvette en cage. A l'ombre de l'arbuste, elles regardent un bouquet de cerises. Deux tourterelles volent dans le ciel heureux de la petite toile rectangulaire. Enfance calme et avenante, sûre de sa félicité.

Les adolescentes bourgeoises de Greuze semblent déjà victimes de quelque sentimentalisme. Leurs yeux naïfs et sages s'attristent volontiers. Elles réfléchissent. De la morbidesse pâlit les nuances de leur teint, et il semble qu'il reste aux mèches dorées de leurs coiffures l'humidité de larmes récentes. Parfois même, le regard tragique invoque le ciel. De la douleur oppresse la jeune gorge enflant le linon du fichu. Cependant, s'il décrit la fécondité de la famille, s'il assemble autour d'une nourrice riante et le sein nu, six ou huit marmots qui l'assaillent, l'embrassent, la tirent et la tettent, il dirige une lumière de joie sur ces petites personnes dodues, sur leurs grosses jambes sanguines ; il les dessine avec un pinceau rose ; il les met en liesse ; il dirige leurs doigts vers un bonheur immédiat, cette belle mère grasse et forte que salue le chasseur rentrant au logis.

Cette enfance essaima dans les collèges de l'Oratoire et dans les lycées de l'Empereur plusieurs générations d'écoliers optimistes. Devenus hommes, ils gardaient de leurs maîtres un souvenir affectueusement ému. Ni la très sévère discipline alors en usage, ni le manque de confort, de propreté, de nourriture, de soins ne laissèrent de fâcheuses traces dans la mémoire de ces élèves modèles. Quand nous lisons, aux vieux livres, les confessions de nos aïeux, cela nous surprend. Ils se moquent d'eux-mêmes

et des pensums qui leur gâtèrent la vie dix.
ans, voire des verges ou de la férule qui les
supplicièrent. Même Canrobert, Jules Simon, Re-
nan furent de ces prodiges. Ceux de mon âge
et qui, de 1870 à 1880, s'instruisirent dans les
pénitenciers universitaires, conservent de leur
enfance, un souvenir affreux. Je ne puis encore
songer sans dégoût aux odeurs du réfectoire, à
la crasse de nos vestes et de nos culottes, à l'injustice des professeurs qui nommaient toujours
les quatre mêmes en tête de la classe et s'occupaient du reste de leur troupeau pour le terrori-
ser par les punitions, méconnaître ses efforts les
plus sincères, nier toutes les bonnes volontés,
abêtir l'enfant par un usage abusif de la syntaxe, de la règle et de la déclinaison, sans
essayer de lui rendre attrayante l'étude des
idées, de l'histoire, des seules choses importantes et vraiment éducatrices. De la sixième
à la rhétorique, le barbarisme et le solécisme formaient la seule préoccupation du maître.
Virgile pouvait chanter ses admirables poèmes,
Homère offrir à nos imaginations l'étrange réalisme de son épopée vivante, Sophocle montrer
la relation directe entre l'humanité et les forces mystérieuses ou divines, entre la passion de

notre geste et l'action de la nature, cela comptait pour rien. Il n'importait pas de nous le faire comprendre. L'essentiel, pour ces maîtres, était que nous ne confondissions pas les aoristes, que nous sussions par cœur les formes contractées des verbes grecs et les exceptions de la règle. Poésie des idées, tragédies de l'histoire, merveilles des philosophies, splendeurs des civilisations antiques, morales sublimes des stoïques, des esséniens et des gymnosophistes, tout ce qui constitue l'esprit était absolument négligé au bénéfice d'une philologie maniaque. Le monde ancien disparaissait derrière les difficultés des conjugaisons et les énigmes cocasses de la grammaire. Ajoutez-y la sévérité d'une discipline hargneuse qui condamnait un rhétoricien à coucher deux nuits sous les plombs dans une mansarde dépourvue de feu, au cœur de l'hiver, pour avoir, sans malice, laissé son porte-plume rouler à terre et pour s'être étonné, par le regard, qu'on lui infligeât à ce propos le châtiment indû. Pendant la récréation de quatre heures, la plus longue, il n'y eut jamais dans la cour du lycée, plus de quinze à vingt élèves sur les deux cents qui devaient y prendre leurs ébats. Tous écrivaient dans la classe des retenues, sous la dictée méchamment rapide et confuse d'un pion; il faisait ensuite relire chacun et renouvelait la punition au moindre mot sauté. Elève moyen, plutôt docile, je ne crois pas avoir passé libre une seule de ces récréations, durant les dix années de mon internat.

Nos parents nous préparaient à cette atroce existence par des sévérités analogues. Quand il découvrait un troisième solécisme dans le thème grec qu'il me proposait le dimanche, mon père me jetait sur le tapis et me piétinait en l'honneur de Burnouf.

Cette manière de traiter les aînés de la troisième République, les a rendus méfiants envers les aïeux qui chantent le temps délicieux de l'enfance. J'avoue que l'époque du jeune âge continue de m'apparaître comme la plus sinistre de la vie. Harcelé par les observations des gouvernantes, giflé par les parents, puni par les maîtres, battu par les grands, houspillé par les camarades, mordu par les chiens, soumis à l'inexpérience qui le fait choir dans l'escalier, qui le laisse se couper le doigt en même temps que la tartine, qui l'invite aux indigestions, qui le livre à la terreur des fantômes, du loup,

du diable, qui l'asservit à tous, l'enfant, toujours maladif en outre, est, sans comparaison
possible, la moins épargnée des victimes.

Fragonard semble l'avoir compris en peignant
la figure douloureuse et ravagée du garçon aux
cerises. Certainement, le fruit que le petit maraudeur a dans les mains réjouit pour un instant sa gourmandise. Mais, comme toute la peine
habituelle à son visage jaune et bosselé, demeure maîtresse de sa misérable vie, qu'éclaire
pour un instant la certitude d'un proche plaisir. De même, Franz Halz. Son modèle rit, mais
à travers l'instinctive peur des coups qui frappèrent sa face, tourmentée, inculte, sauvage,
toute tordue par les grimaces et ses douleurs
ordinaires. A vrai dire, l'enfant souffre tout ce
que dut souffrir dans « l'état de nature » l'homme primitif en butte aux hostilités des rivaux
poursuivant la même proie et aux appétits des
fauves, guettant son passage. Tel l'homme des
cavernes, il doit se défendre contre les forts
qui le veulent soumettre à leurs caprices, contre les bêtes féroces représentées par les chiens,
contre des égaux qui lui disputent les billes
et les jouets, contre les embûches naturelles
que tend à sa sottise le destin des lois phy-

siques, s'il tombe du parapet où il s'installait en faux équilibre, ou bien s'il se déchire l'épiderme aux épines du buisson. Le portrait de Franz Halz traduit parfaitement cette infortune. Son enfant est une façon de jeune anthropoïde mal dégagé de la série animale.

A celui-ci, particulièrement, s'intéressent les œuvres très nombreuses de l'altruisme contemporain. Nous ne concevons plus seulement l'enfance rose et bienheureuse de Drouais ou de Greuze. Nous pensons au pauvre môme né dans les miasmes des faubourgs, bousculé par le père alcoolique et la mère accablée d'infortunes. On écrit maints et maints volumes sur l'enfance coupable, sur la préservation morale des fillettes, sur l'assistance par le travail, sur les thérapeutiques des maux infantiles. On fonde partout des crèches et des écoles. On installe des sanatoria dans les montagnes et sur les grèves de l'Océan. A l'exemple de Mme Charpentier, d'admirables mères élargissent leur sollicitude naturelle et consacrent du temps au progrès des pouponnières. Quoi qu'on dise, ce ne sont point là coutumes de mondaines à la parade. Toutes les Françaises intelligentes et convaincues de la déchéance réservée à la race latine par la dépopulation, sentent qu'il leur appartient d'y obvier. L'efficacité des lois vaut peu de chose contre les mœurs. On ne contraindra jamais les couples volontairement stériles à devenir prolifiques, soit en les exemptant de 15 francs d'impôt annuel, soit en leur attribuant d'autres avantages de cette importance dérisoire. Un seul remède semble possible. Il consiste à multiplier les efforts; puis, à en inventer pour réduire de beaucoup le chiffre de la mortalité infantile. Nous pouvons gagner sur le tombeau ce que notre égoïsme néglige d'engendrer.

Il importe que les petits Français ne meurent plus en foule. Préoccupés de cette obligation nationale, les Parisiennes applaudirent jadis au succès de l'exposition de l'enfance. Le salut de la nation dépend de cette idée et de son triomphe.

Elle paraît avoir été comprise partout. Dans la section sociale, au Petit Palais, une école libre, gratuite, d'économie domestique et d'hygiène que dirige, à Bordeaux, Mme Weiss, fut représentée par quelques excellents témoignages de son efficacité pédagogique: « Tout s'apprend, même l'amour maternel », écrit la fondatrice de

l'œuvre; et elle s'efforce d'inspirer aux filles
du peuple, les idées et les principes qui seconde-
raient le développement normal de leur progéniture à venir. On leur enseigne assez de médecine
pour qu'elles puissent établir le diagnostic élémentaire des maux particuliers aux nourrissons.
On les instruit des notions indispensables au
choix d'un logis humble, mais complètement sain.
On les avertit de tous les périls que colportent
les miasmes de l'évier et du ruisseau. On forme leur orgueil de telle sorte qu'il se plaise
plus tard à une maternité féconde et ingénieuse.

Notre réalisme ayant su découvrir les mal-
heurs de l'enfance que nous cachait jadis l'é-
loquence de l'art, de la littérature et des sentiments, nous sommes mieux pourvus afin de
parer aux catastrophes. La jeune épouse, d'a-
bord instruite à Paris et en Province, par les
leçons de Mme Weiss et de ses émules, sera
mieux adaptée à sa fonction sociale. Elle s'alar-
mera plus vite du malaise affligeant des petits;
elle appellera le médecin avant les phases mor-
telles de la fièvre, de la diphtérie, de la faiblesse
infantile. Elle bavardera moins chez la fruitière
par crainte de retrouver au logis le baby noyé
dans la lessive, brûlé par le poêle ou dégrin-

golé d'étage en étage. Elle évitera de l'envoyer trop jeune faire des courses dans l'avenue encombrée de voitures rapides ; elle ne lui commandera plus de mener paître la vache qui renverse et piétine, ni l'âne qui rue et blesse. Elle saura qu'obliger l'enfant trop jeune aux besognes des serviteurs, c'est le condamner aux accidents et à une attitude capable d'affaiblir tous ses organes, de préparer le terrain pour le triomphe des maladies.

Mais on aura peu fait encore pour réduire la mortalité infantile tant qu'on ne considérera pas la femme ou la fille enceinte comme des bienfaitrices de la nation à qui tout le meilleur de la patrie reconnaissante est dû. Chaque personne espérant une maternité prochaine devrait immédiatement être accueillie dans les propriétés domaniales de l'Etat, puis hébergée jusqu'au sevrage du poupon. Il faudrait qu'elle s'y estimât heureuse, au point de vouloir user, chaque an, de cette villégiature, repos, aisé, halte dans la vie de misère, de labeurs ou d'infamie. Les conseils généraux sauraient facilement s'entendre avec l'administration des domaines pour qu'elle mît à leur disposition les bâtiments inoccupés, des bois, des terrains. Que de mères seraient hé-

bergées dans un château comme celui de Pierre-
fonds où se prélasse actuellement l'ennui de dix
gardiens inutiles ! Lorsque le fait d'engendrer,
loin d'être un sujet de détresse pour le ménage
pauvre et de honte pour la fille-mère, deviendra
la cause d'un honneur civique, la population
croîtra naturellement. Surtout, l'enfant sera dé-
robé aux influences délétères de la mauvaise
hygiène qui, dans les demeures étroites des ouvriers, dans les chambres sales de la ferme,
exécute 40 pour 100 des nouveau-nés.

Peu nombreuses sont les œuvres qui s'occupent de se substituer à la famille incapable et
dénuée. Hormis les crèches où l'on garde les
petits durant l'absence des parents retenus par
leurs travaux à l'usine, il reste beaucoup à créer.
Mais l'on a des centres établis déjà : les écoles.
Au lieu d'innover, la sollicitude philanthropique
rendrait plus de services en améliorant la situation scolaire, en multipliant les dons aux instituteurs. Longtemps le maître de telle bourgade
bretonne, à Crozon (Finistère), fit la classe dans
un grenier où gelaient l'hiver, étouffaient l'été
soixante-dix élèves, alors que le local semble
juste assez grand pour en contenir quarante. Ce
professeur reçoit un traitement de soixante et

onze francs par mois ; sa pension lui coûte, pour la nourriture seule, cinquante francs ; il lui faut deux mois d'économies avant de réunir le prix d'une paire de chaussures. Comment cette homme peut-il s'occuper avec amour des petites âmes ? Il songe d'abord à ses tourments propres. Notons que souvent cet instituteur est une manière de savant réel, qui lit tout, qui passe des examens difficiles, et qui s'estime avec raison très supérieur aux paysans par l'intelligence et la moralité. Ceux-ci narguent sa pauvreté. Ils en font un rebelle.

Dans l'école pauvre, autour de ces hommes, il faut aller chercher l'enfance. Il faut l'éduquer là, la secourir là, lui apprendre les éléments de la bonté nécessaire. A quoi s'intéresse l'Etat ? Aux pénitenciers, aux colonies disciplinaires.

En l'exposition du Petit Palais, rien ne fut mieux ordonné que les prisons du jeune âge. A condition d'avoir volé, le petit garçon est logé, nourri convenablement, instruit, pourvu d'une éducation professionnelle. Il revêt un uniforme propre. Il est interné dans une cellule confortable, aérée par un grillage peint en bleu. Il a pour ses récréations, des cours ombragées, spacieuses. On apprend aux filles la couture, aux garçons la serrurerie. Cent photographies renseignaient sur les magnificences des édifices, la splendeur des dortoirs, la hauteur des ateliers clarteux. Cherchez les mêmes choses autour de l'école. Rien. Seule l'enfance coupable mérite qu'on la sauve. L'enfance innocente est abandonnée à l'exploitation de sa famille qui la retire de l'école pour l'envoyer aux champs sarcler la betterave et pousser la brouette à fumier, pour la rouer de coups dès la moindre objection et la mettre en l'état de ces petits martyrs, incontinent célèbres dans les journaux à faits divers illustrés.

Perdant l'illusion de l'enfance bienheureuse, nous avons également perdu celle de l'enfance angélique. Nul n'ignore que tous les vices croissent rapidement aux cœurs des petits. Leur force torture les animaux trop faibles, opprime le camarade qui ne peut résister. Leur astuce dérobe ce que leur gourmandise convoite. Les gamines des rues et des ruelles expérimentent leur pouvoir de séduction, bien avant l'adolescence, et, parfois, en tirent profit. La petite marchande de lacets nous offre son éventaire et l'équivoque promesse de ses yeux malins. Gavroche joue volontiers au cambrioleur, dès que ses jambes lui permettent la célérité de la fuite. Chaque an, les statistiques judiciaires affirment la précocité des criminels enfuis de l'école. Si la police arrête un vieux satyre des faubourgs, innombrables se comptent les fillettes qui se plurent à le réjouir moyennant quelques gâteaux ou quelques bonbons. Sur ce point, les champs ne le cèdent guère à la ville.

Je sais bien que nous, Français, avons coutume de souligner nos défauts, alors que les écrivains d'autre race mettent en vedette leurs qualités. Aussi, pensai-je qu'à l'étranger, la corruption de l'enfance est égale. L'Angleterre et l'Allemagne livrent quelquefois des secrets de leur hypocrisie. C'est toujours bien plus ignoble que chez nous. Il ne faut donc pas nous préserver de notre franchise qui nous porte à nous amender, qui finira par nous assainir.

Franz Halz et Fragonard ont raison contre Greuze et Drouais. L'enfant n'est pas un ange radieux de la félicité céleste. C'est une victime que la famille exploite, que les parents torturent, que les vices dégradent et que la maladie extermine. Voilà pour la progéniture du peuple en général; voilà le terme positif de la discussion.

Certes les fils des ouvriers à l'aise, des commerçants, des bourgeois, ceux des castes élevées échappent à ces misères. Poupées merveilleuses pour les jeunes mères qui les parent de jolies robes, de dentelles précieuses, ils avancent roses et titubants, le rire entre les fossettes de leurs joues. Pour leurs pareils furent inventés les miracles des jouets anciens, et ce peuple de statuettes en bois merveilleusement sculptées qui orna les crèches de Noël, au XVIIIe siècle. Sous une vitrine, un orchestre de nègres souffle dans les instruments, cogne sur le tambour de basque, bat la caisse, heurte les cymbales. Pas une des figures, qui n'ait sa psychologie propre, complètement marquée dans les accidents de la grimace, la crispation des doigts et le port de la tête. L'un écoute le son qu'il provoque. La rage joyeuse d'un autre s'acharne à précipiter le tintamarre. L'art de celui-ci savoure ce qu'il module, le front penché, à l'oreille tendue, l'œil vague. Celui-là triomphe évidemment par toute l'âme avec l'harmonie dont il croit atteindre la sublime apogée. Vêtus d'étoffes véritables et de tissus très souples, d'épaisseur proportionnée à leur taille, les musiciens paraissent entraîner avec **leurs gestes des plis naturels. Ce genre de** sculpture peinte a produit, pour chef-d'œuvre, les cent figurines, ou plus, destinées au Noël de 1750 que fêta Charles de Bourbon à Naples. On y voit les rois mages descendre par un sentier rocheux sur leurs montures et accompagnés de leur suite. Un peuple de gens grouille autour. Au seuil de la taverne, des paysans boivent, attablés. Des marchands poussent leurs mules chargées de fardeaux. Une voyageuse trône sur son palefroi. Des mendiants saluent. C'est une foule italienne entière. Et chaque statuette vaut l'impression d'un portrait peint excellemment, costumé de manière exquise, et qui se cambre sans moins de grâce précise qu'une danseuse de Tanagra.

Nous ne connaissons plus de ces jouets royaux même auprès de nos princes, qu'aucun minuscule carrosse soigneusement fini, doublé, clouté, ne traîne plus à travers les parcs. Il n'est plus de ces délicieux traîneaux, de formes légères et stables, vernis en vert, et qu'habille un beau velours d'Utrecht cramoisi. Les chevaux de bois manquent aujourd'hui de l'art que l'ouvrier d'antan dispensait afin de créer une bête quasi-naturelle, à la crinière onduleuse, à la queue tordue par le geste de s'émoucher la croupe. Aujourd'hui, un tel ouvrier s'intitulant artiste mépriserait la tâche de construire un jouet capable d'habituer l'enfant à sentir la beauté d'une forme.

Du XVIe siècle, on a tel biberon de verre simulant un oiseau creux et dont le bec introduisait le lait dans la bouche du nourrisson. Les ailes sont basses autour du corps, et la queue relevée, comme à l'instant où la bête en vie ingurgite dans les becs tendus de sa nichée la miette conquise pendant l'essor. Peut-être, un biberon semblable nourrit-il ce Charles-Quint enfant que Cranach représenta sous les apparences de l'un de ces bébés portant, à l'avance, le teint jaune de leur vieillesse future. Les bajoues larges et flasques, le front déjà volontaire, sous la toque, il regarde l'avenir sans joie et sans illusion, par ses yeux nébuleux. Auprès de lui, sa mère, Jeanne la Folle, comme chauve, dame laide, sèche, et le ventre en pointe, très droite, maintient, de sa tête maussade, l'échafaudage d'un hennin à pans lourds. Un fourreau en drap d'or sangle ses épaules osseuses et sa poitrine nulle, mais s'amplifie sous les hanches en énormes plis roides qui enveloppent à demi l'impérial enfant au visage de vieillard bilieux.

Etrange aussi est le portrait du roi de Rome par Lawrence. Tête de triste avorton, au crâne ovoïde déjà pourvu de la mèche napoléonienne qui recouvre le triangle renversé d'une face laiteuse à menton pointu. Deux yeux azur pourrissant fixent leurs regards hébétés dans le vide.

En sa face brune, épaisse, le Louis XIV de Mignard semble déjà fier de son arrogance, à quatre ans et demi. Toute une famille de qui Philippe de Champaigne perpétua les traits, montre des faces nobles et sereines, un peu niaises toutefois, bien différentes de celle qu'anima l'orgueil du roi-soleil.

Il est curieux de voir comme, dans ces trois portraits de princes, leur destin semble inscrit dès le bas âge. Charles-Quint y paraît en vieux devin calculateur à la fois craintif et prévoyant ; Louis XIV en maître impérieux ; Napoléon II en être sans vie et sans intelligence. Cranach, Mignard, Lawrence, semblent avoir préconçu l'exact destin des enfants qu'ils peignirent longtemps avant l'heure où se détermina leur sort historique.

S'il fallait conclure de cette remarque, leur éducation royale n'aurait donc servi qu'à développer les tendances innées de ces princes

Elle n'aurait rien modifié d'essentiel en leurs caractères. Devant qu'on les instruisît, ils portaient en eux-mêmes la nécessité de leurs existences.

En vain le Roi de Rome a-t-il dormi dans le berceau de formes élégamment, discrètement renflées, et suspendu à deux barres de thuya raide qu'ornent des cuivres minces, aux inimitables ciselures; en vain le Duc de Bordeaux, l'enfant du miracle fut-il couché dans une lourde barquette sur laquelle se recourbent les cornes d'abondance en bronze massif profondément travaillé, abondamment feuillu de palmettes. Ni l'un ni l'autre ne devaient ceindre la couronne de Napoléon II, le diadème de Henri V. Le triomphe de leurs races était aboli avant qu'ils fussent nés.

L'ironie du sort ne permet guère aux enfants des élites de compter sur la perpétuation du legs matériel et moral que transmet l'ascendance, L'homme doit valoir par lui-même, par l'énergie et le savoir. C'est le sens de ces deux facultés qu'il faut découvrir dans les faces de l'enfance contemporaine, si le peintre veut préjuger de leur félicité en les décrivant. Ainsi, dans son tableau, M. Albert Besnard montre l'enfant méditatif et frêle, debout parmi la lumière qui l'absorbe, comme l'absorbe la conception de l'univers même apparu dans le bout de la longue salle par la porte ouverte sur la montagne verdoyante. Nous ne sommes plus au temps de l'innocence et des fauvettes qu'on apprivoise. Plus grave apparaît la vie aux petits mêmes.

Le jeune Français de l'élite s'éduque au lycée. Il apprend là des éléments de latin et de grec, parce que les races innombrables qui se succédèrent avec les invasions sur le domaine de l'empire romain conserveront seulement leur unité si l'âme des légionnaires et des prêteurs s'éternise en leurs intelligences diverses avec le culte du génie grec conquis par Mummius sur Athènes et Corinthe. Il faut habituer les enfants de l'élite à penser en stoïques, à vivre ainsi que Brutus et Caton, avec loyauté, grandeur et amour de la dignité personnelle. D'où l'urgence de conserver, quoi qu'on dise, l'instruction classique apte à rendre frères le Provençal et le Breton, le Picard et le Basque, le Tourangeau et le Lorrain. Vikings, Celtes, Phéniciens, Maures et Teutons doivent s'unir par le culte de l'ancêtre latin qui

forgea nos idées et nos mœurs, qui prépara
nos aspirations libertaires. Mais, il est souhaitable que l'enseignement des langues mortes
ne soit point poussé au delà du nécessaire. Comprendre Virgile et Homère, Tacite et Sophocle,
Hérodote et Salluste, cela doit suffire sans qu'on
s'obstine à vaincre les difficultés des textes philosophiques, à forger de médiocres distiques ou
bien à composer des discours pour la clientèle
imaginaire d'un forum. La science de la nature,
la physique et la chimie, les langues anglaise
et allemande doivent se substituer aux raffine-
ments de la philologie antique. A cet enfant
de France, il importe, en outre, d'enseigner
un métier manuel. Le type de l'homme heureux dans l'avenir proche sera celui d'un mé-
canicien qui dirigera la locomotive électrique
en se récitant des vers de l'Enéide sur la vi-
tesse des cavaliers troyens. Le gentleman qui
retirera ses gants pour ajuster les pièces d'une
automobile en se rappelant la strophe d'Horace sur les courses de chars dans l'arène,
aura de la sorte, réalisé le rêve d'être un
homme complet, fort par les bras, et grand par
l'esprit, grand comme la part d'univers comprise en sa mémoire.

CHAPITRE VIII

L'Elève et l'Homme

Quand ils reviennent pour les vacances, dans la demeure paternelle, les élèves et leurs familles mesurent ce qui fut acquis d'intellectuel au cours de l'année scolaire. Le lauréat est fêté, choyé, encouragé. Il reçoit sur l'épaule la tape vigoureuse de l'oncle attendri, et qui dissimule sous une plaisanterie virile son émotion de prévoir comment la race, par cet enfant, sera prolongée, honorée, glorifiée. Le cancre est quelque peu gourmandé par un père las de punir inutilement, puis cajolé, gâté par une mère faible que les défauts même séduisent. On le laisse ensuite se prélasser ou vagabonder, selon ses goûts décidément incorrigibles. Mais, le plus malheureux des trois, c'est l'élève moyen, celui qui a tantôt gagné la douzième place en version latine, pour n'être compté que vingt-et-unième en thème grec ; celui qui, par hasard, se trouve troisième en histoire, cinquième en composition française, pour retomber dans les derniers rangs, s'il s'agit de mathématiques.

J'appartins à cette catégorie, lors de mes études. Ah, les terribles vacances que je passai. Ma note ordinaire: « Intelligent », de susciter l'indignation de mon père. « Tu pourrais et du ne veux pas ! » criait-il en froissant avec rage le papier administratif. Très grand, mince, la face tendue vers mon effroi, il se démenait terriblement. Moi, je clignais les yeux, je prenais un air de désolation d'ailleurs sincère. Je me répugnais à moi-même. J'estimai juste le pensum infligé par cet homme sévère, hautain et souvent furibond. Bon helléniste, il m'obligeait à traduire d'innombrables chants homériques. Inutilement pour moi, le soleil d'août faisait des trous de lumière éblouissante au milieu des feuillages. Inutilement, le vol des hirondelles traçait des signes sur le ciel pur. Je barbouillais d'encre mes doigts indolents. Je feuilletais avec indifférence les dictionnaires. Je regardais par les fenêtres comment les heures changeaient les nuances des pelouses et des futaies.

Depuis longtemps, je tenais pour certain que nul effort ne me vaudrait le triomphe, bien que j'eusse, à l'institution, remporté tous les prix, en septième, en sixième. Puis, on m'avait introduit au lycée, en cinquième. Là, ma stupéfaction fût extrême de m'entendre si mal classer à la suite de la première composition. Je me souviens encore de ma détresse le jour où le proviseur vint présider la lecture des places. A mesure qu'un autre nom était prononcé, je sentais mon cœur faiblir, la sueur sourdre de mes tempes. Il me parut que je m'abîmais dans un gouffre avec tous mes espoirs toute ma science puérile, toutes mes ambitions généreuses. Rarement je ressentis un aussi violent chagrin, quoique le sort ne m'ait guère ménagé les peines tragiques depuis. Je me vois encore, assis au plus haut banc des gradins, les mains mouillant mon carré de buvard rose sur la page commencée. Je crispais mes jambes l'une sur l'autre. Je tâchais de contenir mes larmes grossissant au bord des paupières. Par moments, je pensai que le professeur avait perdu ma copie, et que mon nom, du moins, ne serait pas voué à la honte. Il le fut. Comme il seyait alors, je dus me lever à l'appel, mais je me laissai tout aussitôt retomber sur le banc. Tout mon corps brûlait. Du plomb roulait dans ma tête.

Je m'accoudai sur l'étroite planche qui nous servait de pupitre. Aussitôt, je me souvins que cette attitude était passible de châtiment; et je croisai les bras en contenant mon sanglot. Je connus une immense pitié pour moi-même, pour ma chétiveté, pour mon néant. Donc, j'étais un imbécile, un idiot. Je me regardais dans mon uniforme à boutons d'or, qui était blanchi aux genoux et aux manches. Je me sus misérable et bête. En cette heure mourut toute confiance en mes pouvoirs spirituels, toute croyance aux possibilités de mon énergie mentale.

Bien qu'à la maison, on m'eût assuré que c'était là seulement une malechance accidentelle, j'attendis sans foi le résultat des compositions futures. Dans l'intervalle, on donna un thème latin que je m'efforçai tout un dimanche de parfaire. Le lundi, je demandai au professeur de lire mon devoir. Il y découvrit un solécisme dont il me démontra la gravité. Je ne pus retenir un geste de dépit. Ce pour quoi une retenue de promenade me fut allouée. Mon père me corrigea sévèrement lorsqu'il apprit cette punition.

Une série d'évènements aussi fâcheux continua de me décevoir. Certaines de mes places furent meilleures, sans m'accorder les distinctions auxquelles j'avais été habitué durant mon séjour dans l'institution. De plus, je trouvai là des camarades hargneux et d'une brutalité violente. Il fallut apprendre à faire le coup de poing pendant la récréation; puis, à défendre ma vertu contre les vices des gaillards; surtout à devenir un partenaire important du jeu de barres et de la balle à l'ours. Incapable de dominer mes condisciples par le savoir, j'essayai de les étonner par mon adresse, sinon par ma vigueur.

Les maîtres avaient pour coutume pédagogique, de laisser tranquilles les bons élèves et les cancres; ceux-ci, parce qu'ils les jugeaient imperfectibles, ceux-là, parce qu'ils s'instruisaient eux-mêmes., sans avoir besoin d'être stimulés. Au contraire, les élèves moyens se trouvaient sans cesse harcelés : et c'était là une méthode logique. Aussi, devais-je réciter toutes mes leçons, présenter en temps voulu, tous mes devoirs, être l'objet d'une surveillance méticuleuse, autant dire importune, taquine, agaçante et qui me semblait inique. Cette apparente iniquité me vexa de plus en plus. Je m'indignai contre elle. Je connus les rages de la révolte pendant lesquelles il me fallait saisir à deux mains le barreau de fer soutenant la table, pour refroidir leur fièvre pantelante, et pour ne pas laisser mes bras gesticuler, protester, assaillir, montrer la voie de la rébellion définitive à ma colère.

Certainement, je dois à ce phénomène psychique qui me poignit lors de mes douze ou treize ans, tous les sentiments de révolte propres à ma jeunesse, toute l'envie de libération, de nouveauté, qui me poussa dans la suite à fuir les carrières honorables, pour essayer de partir squatter en Australie et vivre, isolé avec des cowboys et des troupeaux, rêve qui ne se réalisa point. De là, ce besoin que j'eus toujours de soutenir les gens crossés par la force des pouvoirs. Aujourd'hui même, je ne puis assister sans irritation ni au massacre des grévistes, ni à l'exil de nos congréganistes, parce qu'ils me représentent la faiblesse écrasée par la force des maîtres. A cause de cela, je suis bien souvent accusé de contradiction. Je n'abdiquerai pas, cependant, mon désir chrétien d'une équité supérieure, s'appliquant à tous, sans tenir compte des haines, des revanches, des rancunes, des tactiques, des intérêts. Je détesterai toujours participer aux victoires des sectes.

Ce désir me naquit certainement au lycée, pendant cette époque malheureuse de la cinquième et de la quatrième. Si je m'interroge, si je me souviens, si j'analyse mon esprit d'écolier, je ne le trouve guère différent de celui que je possède à présent. Les professeurs m'accusaient de paresse. Or je travaillais beaucoup. Seulement, au lieu de m'obstiner à résoudre une charade de difficultés grammaticales, je lisais aisément mes livres d'histoire et de littérature. D'instinct, je croyais - plus précieux d'apprendre comment avaient souffert les siècles. Traduisant un texte de version, je m'appliquais à connaître l'anecdote incluse, mais je négligeais de prévoir le piège du contresens pour lequel ce passage avait été choisi. En troisième et en seconde, je conquis un meilleur rang. Même, il m'arriva de m'asseoir au banc d'honneur. Souvent j'éprouvai de la stupéfaction en m'entendant nommer quinzième ou vingtième, quand j'espérais être cinquième ou sixième. Alors, je priai l'un des premiers de me communiquer son brouillon. Je comparais nos deux travaux. Le mien me semblait le meilleur. Presque toujours, ma traduction du texte ancien, mon développement de la narration française, l'abondance de ma dis-

sertation historique étaient mieux pourvues d'é-
légance, d'originalité à mon avis. Mais, je n'avais
pas su échapper au piège grammatical. Je n'a-
vais pas su, dans la narration, citer le passage
classique pour lequel avait été élu son sujet.
J'avais omis de mentionner les dates dans ma
dissertation d'histoire. Or, en ce temps-là, les
professeurs considéraient la composition hebdo-
madaire comme un jeu d'embûches ingénieu-
ses évitables pour les bons élèves, et nuisibles
pour les mauvais disciples.

Cela me semblait fort injuste. Je ne songeais
point que c'était la seule façon d'esquiver l'ar-
bitraire des appréciations sentimentales.

Cette longue période me fut enseignement
d'iniquités et une excitation à la révolte contre
les lois établies. Je fus bachelier au moment où
triomphait le naturalisme de l'Assommoir, au
moment où Zola dépouillait la bourgeoisie de
ses masques, et la montrait telle qu'elle s'accepte d'être aujourd'hui, en substituant la franchise de ses appétits à l'hypocrisie de ses vertus. Logiquement, je devais applaudir à cette
œuvre de vérité; puis, chérir les conceptions
révolutionnaires. Traquée par les maîtres, pendant dix années, mon énergie se rebiffa lors-

qu'elle eut l'indépendance. Les pensums de jadis furent la préface de mon admiration pour l'anarchie. Mes professeurs avaient fabriqué un rebelle.

Ainsi l'homme se forme dans l'élève. Durant les vacances, les familles se doivent de méditer sur cet axiome. Si mon père m'eût fait redoubler la sixième, je fusse peut-être demeuré en tête de la classe, j'eusse franchi les étapes des examens et j'enseignerais sans doute l'histoire aux collégiens de province, dans un esprit conservateur.

CHAPITRE IX

L'heure de la puberté

Le père, soudain, ne peut continuer sa lecture importante. Quelque chose a, soudain, traversé son esprit. Cela l'inquiète. Cela l'obsède. Que fait son fils? Étudie-t-il, comme il sied, la géométrie ? Ou bien flâne-t-il ? Explore-t-il une brochure pornographique dissimulée dans son atlas? Ou s'amuse-t-il à découper, dans les revues illustrées, quelques silhouettes de sportsmen? Le père grommelle et peste. Il regarde la chère apparence de sa bibliothèque, la branche d'acacia pendillant contre la fenêtre, parmi le soleil et les papillons. Il parcourt un paragraphe de son livre révélateur. Mais, entre la perception des phrases et la conception du sens, une hantise, aussitôt, s'interpose. Le devoir n'est-il pas de surveiller le rejeton? Il faut donc abandonner ce silence délicieux, cette quiète solitude, cet ouvrage excel-

lent. Il faut monter jusqu'à la chambre du lycéen.

Le père soupire et se lève. Il gravit à pas
de loup l'escalier. Il halète un peu, de peur de
surprendre en faute le paresseux. Nul bruit ne
passe la porte. Quand elle commence à bail-
ler très doucement, le père aperçoit le gamin
qui dort accoudé au milieu de plusieurs dictionnaires. La salive fuit de la bouche bée.
Les yeux trop cernés se sont clos dans une figure
pâlotte, très fidèle portrait de la mère qui se
soigne chez les cousines du Périgord. Ce petit
atteint quatorze ans. C'est l'âge dangereux. Ce
sont les heures troubles. Les appétits du mâle,
précoce envahissent et obsèdent l'âme fragile.
Le mystère dont une bonne éducation entoure les
voluptés amoureuses les a rendues plus attiran-
tes pour la curiosité en éveil du jeune huma-
niste. Le prêtre en commentant le miracle de
l'Incarnation au catéchisme de persévérance, le
professeur en conseillant la lecture d'Horace,
les camarades en confiant ce qu'ils entrevirent
de la luxure, les gazettes en narrant les crimes passionnels, les publications illustrées en
représentant les préliminaires de la joie las-
cive, tout suggère violemment le goût d'un plai-

sir que l'histoire, la littérature, la musique, les statues et les tableaux déclarent suprême. Et voilà que l'adolescent éperdu ne peut plus prêter d'attention à un autre sujet, depuis six mois. Pas un accessit, au palmarès, ne signala ses travaux, tandis que les précédentes années, le collégien avait reçu des prix. Que faire?

Perplexe, l'auteur de cette vie malade réfléchit. Lui-même connut de telles curiosités, d'aussi brusques désirs, d'aussi barbares et irrépressibles convoitises. Que de bonheurs lui refusèrent la morale rigoriste des parents et la peur d'un scandale châtié! Ce père se souvient des amours qui le dévoraient, à cet âge, comme, autour de lui, elles dévoraient les servantes, deux cousines pensionnaires, leurs amies, une veuve pimpante, d'autres qui, très évidemment, voulaient le chérir. Que de fois, depuis, il regretta d'avoir dompté ses penchants. Servantes, cousines, amies et veuve lui eussent valu des fièvres mémorables. Cinq ans, il avait dû, par peur des réprimandes, par lâche peur, se dérober aux agaceries de ces agréables complices. La camériste d'une vieille tante avait essayé de lui enseigner, par la force, la volupté. Brutalement, il s'était arraché des bras de cette

jolie fille aux joues chaudes, puis s'était **enfui**
dans sa chambre, dont il avait, tout tremblant,
poussé le verrou. Que de jours, venu l'âge mûr,
il a déploré cette rage de vertu, cet héroïsme,
ou plutôt cette lâcheté devant l'opinion gron-
deuse des siens! Que d'heures il a souhaité
le retour aux heureuses circonstances pour leur
assurer une fin différente!

Le voici maintenant responsable devant son
fils lassé par les mêmes résistances imparfaites
aux mêmes sollicitations de la nature créatrice.
Hier, sous un prétexte, l'accorte cuisinière fut
congédiée parce qu'elle se plaisait évidemment
aux jeux du collégien assidu dans l'office. Faut-
il, au contraire, fermer les yeux, puis laisser à
cette fougue délirante une libre carrière? Faut-il
tolérer les délices de luxure, si magnifiques pour
l'adolescent, et qu'il ne goûtera jamais plus de
la même façon, dans l'avenir? Faut-il afin de
l'exercer à la maîtrise de soi, afin de former
un caractère par la suprématie de la volonté
sur l'instinct, réfréner cette fureur de jouir
éperdument?

Problème dangereux. Car, si l'éducateur ne
réussit qu'à demi son entreprise de contrainte, il
risque d'habituer le fils à la dissimulation, au

mens... ge, à la sournoiserie. Ensuite, ces tares morales persisteront dans l'homme. Il pourra devenir un fourbe. Accoutumé à la feintise, il se fera lentement déloyal. Ses émules lui prépareront une mauvaise renommée, très nuisible aux débuts d'une existence virile.

Ou bien, incapable de vaincre les exigences du tempérament, le jouvenceau prétendra s'affranchir. Rebelle, il peut fuir la maison après des courroux et des scènes. Dès lors, loin de tout conseil, le souci d'assouvir ses passions le peut acoquiner à des scélérats rencontrés dans les bouges. Ainsi, peut-il se perdre sans secours.

Fourbe ou bandit? Ce sont là des épithètes auxquelles fréquemment une sévérité maladroite voue l'adolescent ému par les premiers élans de la sensualité. Elans formidables et dont nul père ne saurait craindre assez les conséquences. En nos races latines, l'importance de ces exaltations physiques est extrême. Inutilement le prêtre catholique emploie les remontrances du pasteur luthérien. Il ne s'adresse point aux mêmes cœurs, aux mêmes atavismes, au même sang. Ce que le collégien d'Eton ou d'Heidelberg accepte, séduit par le football et la bière,

notre lycéen de Bordeaux, de Toulouse et de
Paris, ne le comprend pas. Ses ancêtres de
Tyr, de Carthage, de Phocée, de Rome, leurs
mœurs asiatiques, promirent à sa virtualité,
lors des siècles révolus, les chaudes passions
des terres odorantes qu'ombragent les feuilles
des orangers et des cèdres, les palmes. Ses
moëlles conservent les appétits de Sémiramis,
de Phryné, de Tibère et des Valois. Lui n'est
pas le descendant de Vikings glacés, dans leurs
barques de conquête, par les vents d'une mer
brumeuse et froide. Lui ne compte guère, parmi
ses aïeux, de ces Germains dont les sens s'éveil-
laient si tard, au dire de Tacite. Les nerfs et
les muscles se souviennent obscurément des
délires offerts aux faunes, aux pâtres de
Théocrite, et de Virgile, par les nymphes dési-
reuses, en fuyant, d'être ressaisies. Le lycéen est
le geste nouveau de ces multitudes celtes gar-
diennes de troupeaux, et qui s'avancèrent de l'Est
à l'Ouest, de l'Oural à la Bretagne, en vivant
l'églogue échauffée par des rencontres avec les
races civilisatrices de la Méditerranée. La sève
des instincts bouillonne depuis trop de siècles
dans les corps successifs de la famille pour que

le fils puisse aisément la congeler, au signe du pédagogue.

Bien fou serait le père qui croirait à l'omnipotence du blâme et de la raison contre cette force antique de la nature celto-latine. C'est une redoutable ennemie et de qui les manœuvres régissent le cours entier de nos vies.

Que faire? Convient-il de permettre que l'adolescent aime à sa guise? Mais, assoiffé par l'ivresse des premières étreintes, ne délaissera-t-il point ses études? Advienne qu'une gouge l'éblouisse de sa beauté, même relative, qu'elle l'entraîne, le confisque, le diminue, l'avilisse à son exemple? Heureusement, le jeune garçon de quatorze ans, reste pétri d'orgueil. Il possède en méprisant. Jamais moins qu'à cet âge on ne considère les dispensatrices de voluptés. Elles semblent de simples instruments de plaisir. L'influence des parents, de la mère surtout, demeure assez grande pour qu'ils représentent exclusivement ce qu'on nomme l'amitié, la tendresse, le dévouement, l'honneur. A cause de sa faiblesse certaine et comprise, l'adolescent a besoin d'affections très sûres. Il les requiert de la famille seule. Plus tard, devenu majeur, licencié, lieutenant, avocat, ingénieur ou coulissier, il gagnera tant de confiance en lui-même qu'il ne doutera plus de son jugement. A cette heure, il deviendra l'esclave d'une cocotte avide, d'une adultère cramponnante. A quinze ans, il peut sans péril caresser les blanchisseuses. Le besoin sexuel est trop puissant. Il aveugle. Il ne laisse pas entrevoir les attraits menteurs de l'élégance, du chic, de la gouaillerie, de la rengaine sentimentale et poétique.

Pour ce motif, l'ami qui me confiait ces tourments se décide à ne rien savoir de ce que son fils accomplit dans les ténèbres du grenier, quand la jolie repasseuse va retirer le linge pendu là-haut, le long du séchoir. Au pis, le lycéen travaillera mal pendant une année de classes. Ensuite, n'étant plus obsédé par un violent appétit que les passantes auront assouvi et remis au point réel, le gamin rattrapera le temps perdu. On lui conseillera de redoubler sa rhétorique. Mieux vaut cela qu'un caractère précocement déchu par la coutume du mensonge, ou qu'une évasion de révolté commis aux influences de mauvais drôles, de souteneurs brillants et d'escrocs magnifiques.

Sans doute est-ce là, parmi quelques décisions acceptables celle d'un père sage et sincère qui se rappelle, soupirant, les bonnes occasions manquées jadis, et qui veut épargner à son hoir l'amertume des regrets avec les catastrophes d'une vie déloyale.

———

CHAPITRE X.

Le rôle des traditions

L'épouse d'un faux-monnayeur, jusqu'alors,
avait bénignement existé, quadragénaire déjà, soigneuse d'employer, au mieux des économies intérieures, les bénéfices d'une fraude mystérieuse.
Cette ressource manquant soudain par l'arresta-
tion du mari, la ménagère s'est vue déshonorée
et sans courage pour affronter les malveillances
voisines. Ces peurs la déterminèrent à immoler
ses trois petits mômes, dont l'un aida les apprêts
de la mort, collant aux fentes des croisées des
bandes de journaux, pour que l'émanation du
réchaud empoisonnât sûrement l'air. Ils mou-
rurent ensemble.

Il serait un peu ridicule de reprocher à la
mère, par le moyen de dialectiques, l'exagération
d'un droit qui lui permettait sa fin, mais non
l'assassinat corrélatif de sa descendance. Néanmoins, cette dinstinction est nécessaire pour juger la psychologie bizarre de nos mœurs.

Cette femme crut ne dérober ses fils et sa fille qu'au déshonneur. Pour ce qui est de la misère, elle n'ignorait point qu'ils eussent été recueillis. Des philanthropes instruisent, nourrissent, protègent l'enfance malheureuse, et la mènent, tant bien que mal, aux âges de l'action. Sans doute mourir avec eux, et forte de leur consentement passif, donna du courage à la désespérée. Mais que cette réflexion semble terriblement égoïste! Le prétexte moral du crime infanticide, le prétexte qu'elle s'avoua devant le côté, pour ainsi dire, public, de la conscience, fut de soustraire des êtres chétifs à l'opprobre. On peut croire que ce prétexte faisant défaut, elle n'eût pas tué.

Ainsi, malgré tant de littératures et de politiques, malgré tant de réhabilitations sociales, nous en sommes encore à penser que le descendant porte l'infamie de l'ancêtre. Pour cette raison, la foule comprit, à moins qu'elle n'admirât, le triple meurtre accompli dans une petite chambre. Instruite par la presse, le théâtre, les arts offerts partout, la population de la capitale paye encore de tels tributs à la théorie ancienne de la honte héréditaire! Nous ne parvenons point à séparer les enfants de la race. Il leur faut subir une solidarité monstrueusement injuste.

Probablement, cette Mme Lacroix soupçonnait les origines de l'argent conjugal. Peut-être non. Sans doute oui. Tant qu'ils ne furent pas découverts, les méfaits du mari ne la révoltaient pas. Elle ne le quitta point, si elle gémit sourdement. Elever sa progéniture dans cette atmosphère d'astuce et de dol, ne lui parut guère néfaste. Du jour où l'histoire est sue, cette mère s'estime, elle et les siens, dignes de périr, par une sorte de tradition empruntée aux commérages.

Remarquez qu'aucune de ses craintes ne se fût réalisée. Il eût suffi de se rendre en une autre ville, d'y faire peau neuve. Peu de gens se fussent exactement informés. Se disant, veuve, Mme Lacroix eût trouvé le moyen de satisfaire les curieux. Elevés dans une école lointaine, les fils parvenus à l'adolescence eussent vécu sans outrage. A tout prendre, une fois ou deux, quelque personnage féroce averti de la faute paternelle l'eût rappelée. Mais aussitôt le bon sens d'un défenseur eût garanti ces innocents. Les grandes villes sont pleines de gaillards qui doivent leur fortune à des malversations paternelles. Ils font la meilleure figure. Les noms de l'armorial évoquent dans la mémoire, souvent, d'abominables crimes historiques. Ce n'empêche point la plupart de révérer les nobles. Que les jeunes Lacroix eussent, par chance, réussi dans un commerce, puis à la Bourse, spéculateurs favorisés du sort ; et tout ce que Paris compte d'admirable eût fréquenté leur maison.

Donc, au réel, le forfait du père n'afflige pas le fils. On rend hommage au mérite individuel, même s'il est de pure élégance, dans les milieux des capitales où la province prend ses leçons d'habitude. Comment l'influence d'une tradition menteuse persiste-t-elle dans les âmes de la petite bourgeoisie et du peuple? C'est une erreur tenace. La connaissant, les pamphlétaires de la politique provinciale s'acharnent à divulguer les aventures privées. Parfois ces coutumes odieuses de la province infectent Paris même.

« Tel père, tel fils » est un adage philosophiquement faux, dans sa formule absolue. En effet, l'antithèse naît de la thèse, par comparaison. Il est banal de le démontrer une fois encore. Un père avare engendre souvent un fils prodigue, car, les tourments de l'économie convainquirent d'imiter à rebours, par l'abus de la magnificence. Ce fils ayant ruiné ses enfants pourra leur valoir le goût de l'épargne, protectrice des maux encourus pendant la pauvreté. Le contraire aura sans cesse engendré le contraire. Une mère coquette, dont les flirts choquent la pensionnaire en vacances, verra fort bien celle-ci entrer au couvent par dégoût des vaudevilles vécus qui révoltent l'adolescence façonnée à la guise d'une éducation intransigeante. La prude harcelant son entourage rend l'imagination du vice puissante dans l'âme jeune qui déteste les précautions nombreuses prises contre le tentateur. Pour justifier tant de mystères redoutables, il faut évidemment que la volupté possède de très sérieux mérites, et l'enfant brûle de les connaître. Des parents sévères inculquent à leurs descendants le culte de l'indulgence par contraste, tout aussi bien que celui d'une égale dureté. De même pour l'atavisme criminel. Il est à deux fins. La plus sûre façon de le rendre peccable à jamais sera de retirer aux fils du faussaire le pouvoir de vivre honnêtes, pacifiques et respectés selon leurs vertus propres.

On le comprend déjà. Mais, la masse de province, l'ensemble de la petite bourgeoisie se nourrit toujours l'âme avec les traditions du plus lointain passé. Aux époques féodales, le véritable individu, celui pour lequel s'établirent

tant de lois, se fondèrent et s'agrandirent tant
de patries, la Famille paraissait responsable des
actes accomplis par tous ses membres. Alors,
l'ancêtre, pourvu d'une sorte de dictature datant
de l'âge brutal, représentait le seul éducateur.
Sa mémoire, son expérience fournissaient l'enseignement que donnent les livres, depuis quatre siècles. Nul contrôle, nulle objection ne
gênaient son influence. Il composait réellement
la famille à son image. On voyageait peu. Les
types d'hommes étaient moins divers, moins
nuancés. Le serf, le soldat, le clerc, le marchand, le chevalier ressemblaient à tous les
serfs, à tous les soldats, à tous les clercs, à
tous les marchands, à tous les chevaliers. Chaque caste possédait un lot minuscule d'idées précises et indiscutées. Elle vivait et mourait pour
elles. Les savants s'écrivaient en latin. L'élite
même des castes communiait totalement avec
leur esprit. Aussi, l'individu était-il vraiment le
double de l'éducateur, de l'ancêtre violent qui
avait contraint l'enfance à se modeler sur l'orgueil de lui-même, sans chercher outre, sans admettre la réplique ni l'examen. Le servage des
intelligences était plus réel que celui des corps.
Quand, venu l'âge mûr, l'homme s'émancipait de

la tutelle parentale, tout son être, assoupli par la
crainte des coups, façonné par les quatre idées
absolues de la caste, se trouvait incapable de
varier. Dans le même donjon, dans la même
chaumière, florissaient les types semblables, siècle par siècle. On en retrouve encore.

La bourgeoisie des communes, les moines
échappèrent d'abord à cette discipline. Les voyages du marchand et la culture latine du prêtre
les avertirent, les transformèrent. Ayant comparé
ils s'accrurent de notions différentes. Comme
les Grecs de Byzance fuyaient les Arabes, ils
importèrent en Occident l'idée platonicienne du
citoyen. Déjà, pendant les Croisades, ils l'a-
vaient transmise aux clercs des barons en marche vers le Saint-Sépulcre. L'idée de l'individu
germa dans les corporations, dans les confré-
ries, dans les chapitres ecclésiastiques. L'imprimerie vint, qui répandit partout les dissertations
du savoir, la dialectique d'Aristote, les voix anciennes des poètes. Et le serf d'Occident com-
mença de secouer les jougs. Les cadets de noblesse allèrent comprendre la loi romaine dans
les abbayes. L'éducation cessa d'être l'œuvre
de l'ancêtre pour devenir celle du clerc, esprit
du Forum. Les descendants ne reflètent plus

10.

les âmes féodales. La culture intellectuelle modifia l'atavisme, dirigea les énergies héréditaires vers d'autres espoirs. Les contrastes naquirent entre les membres des familles. L'individu ne fut plus uniquement le résultat des ascendances, mais encore celui des éducations extérieures et antiques.

Ce lent travail social qui désagrégeait la horde barbare, isola l'individu d'Occident, vers les quinzième et seizième siècles. En ce temps, il se révèle tout à coup. Montaigne en est un exemple complètement admirable. Les Essais montrent l'ensemble énorme des connaissances latines et grecques auxquelles il doit, avec son esprit, la puissance de son analyse psychologique, de ses observations profondes. Il est le prototype de l'individu allant quérir, hors la famille mérovingienne, sa raison de penser.

La Boëtie vient d'écrire la première thèse libérale. Descartes expliquera davantage.

Le citoyen, s'il s'affranchit de la tradition familiale, ne s'isole que d'une manière factice. Le milieu des amis, des camarades et des éducateurs, lui prête ses idées, qu'il croira bientôt siennes. Soit qu'il lise, soit qu'il écoute, il emprunte. La pensée devient une dette aux créanciers innombrables. A la place du parentage, tous les acquêts littéraires, historiques, scientifiques et philosophiques, constituent l'individualité. La famille s'est élargie. On ne peut plus dire sans restriction: « Tel père, tel fils », mais on peut dire: « Tels livres, tel homme. » Au dix-huitième siècle, chacun, nourri de lectures grecques et romaines, parle, agit, combat et triomphe, pendant la période révolutionnaire, selon les gestes de Brutus et de Scipion, selon l'éloquence du Forum. Le citoyen est devenu l'enfant de l'humanité totale, antique et présente, diverse et protéenne. Il ne reproduit plus l'exemplaire du modèle ancestral.

Mais, les individualistes contemporains se trompent lorsqu'ils affirment la réalité de leur affranchissement. Ils résultent d'une collectivité qui les pétrit à son image, comme l'ancêtre de la caverne pétrissait à son image, l'enfance de ses fils. L'expérience des civilisations s'empreint en eux, et non plus l'expérience étroite de l'aïeul. Mais ils dépendent autant. L'être ne s'isolera jamais. Il ne pourra jamais se dire libre, encore moins indivisible, par le caractère fatal des influences éducatrices.

Plus le temps vieillira et plus l'homme apprendra de motifs pour se différencier de son origine, pour passer d'un groupe à d'autres, pour se compléter, pour contraster. Seulement, le vœu du contraste est encore une imitation.

Voilà pourquoi la femme du faux-monnayeur pécha en tuant ses fils et sa fille. Elle croyait à une tradition moribonde. Il n'en subsiste que l'expression verbale. La majorité des hommes n'affirme plus l'adage : « Tel père, tel fils... » parce qu'elle sait que depuis quatre siècles déjà, la société, et non la famille, éduque la descendance.

TROISIÈME PARTIE

Les libérations nécessaires

CHAPITRE XI.

Les carrières utiles

Elevé par des parents à qui les idées ou la discussion répugnent, comme une marque de trivialité, et qui se confient paresseusement aux convenances traditionnelles, sentimentales de l'époque ancienne avec l'espoir vague d'un retour de monarque apte à remettre sur leurs socles l'autorité souveraine, l'Eglise et les preux, Henry de-La Mare se trouve dès vingt ans, au milieu du « struggle for life » actuel. Il se débat. Il sombre. Lutte inégale de nos enfants bourgeois confits dans le bocal de la famille conservatrice quelle que soit l'étiquette de ses votes, contre

les fils des races pratiques, germaines ou
saxonnes. Parallèlement à cette adolescence évo-
lue celle de la jeunesse rivale et victorieuse.
William a un père d'origine allemande qui, ar-
rivé tout à coup dans la ville latine, change
les conditions du marché par son audace, sa
robuste foi en sa force, son activité et l'économie de sa femme suissesse. On installe chaque matin le baby dans un plateau de zinc
et on l'inonde d'eau glacée. « Les faibles périssent, les forts résistent seuls », dit le médecin
consulté sur ce genre d'hygiène. La méthode a
donc l'avantage de laisser vivre seulement les
produits capables de santé vigoureuse, et par
suite, d'efforts continus, d'activité inlassable, soit
physique, soit mentale. Voilà le secret du triomphe anglo-saxon. La race élimine, dès la nur-
sery, les rejetons de qualité inférieure... C'est
l'application stricte, consciente ou non, de la
sélection naturelle. A la sortie du régiment,
Henry ne songe qu'à découvrir « un chic bien à
soi ». Il parle l'argot de la caserne, et se colle
avec une vieille cabotine parce qu'elle satisfit,
jadis, une heure, le duc de Morny. William
monte sur le paquebot, et entreprend un voyage
d'études commerciales autour du monde. A l'ins-

tant du départ, M. et Mme De La Mare déclarent, navrés que leurs amis les Hermann, « n'ont
pas de cœur ». Fier d'avoir procréé un fils unique qui conserve le majorat de sa fortune, le
père féodal ajoute méprisamment : « Cette grosse
Hermann a fait ses enfants comme des lapins;
elle s'en détache de même. »

A la fin de la jeunesse, Henry, d'ailleurs pas
bête, ni méchant, même sensible, aura ruiné
ses parents en l'honneur de la cocotte. Alors
sa mère ira demander au père de William, devenu député ministériel, une place de l'Etat pour
le fils, afin qu'il puisse vivre pauvrement, avec
sa maîtresse décrépite, dans une triste banlieue.
Tel est le bonheur qu'elle lui prépara en l'en-
tourant de foulards et de coton dans la nur-
sery, en lui évitant les idées et leur discussion, en l'abusant sur les nécessités de la vie
moderne, en espérant, aveugle, un retour impossible de ce passé, où les relations, la tenue,
l'ignorance et la vénération des mœurs traditionnelles valaient mieux que l'initiative. William deviendra sans doute le rival de quelque
Cecil Rhodes, et recommencera, selon des théories scientifiques, les triomphes des anciennes
invasions normandes. Le nouvel homme posera

dans les déserts pour jalons de la nouvelle vie, des poteaux télégraphiques, intéressera nègres et Chinois à la vente de ses téléphones, et à l'extraction de sa houille, de son or, de son fer. Comptes faits, l'avenir devra bien plus à celui-ci qu'à celui-là. Ainsi, dans un très agréable roman, M. Hugues Le Roux établit avec une sobre fermeté, les termes rigoureux du problème. La solution décidera la fin ou la renaissance des races latines.

M. Hugues Le Roux prêche depuis longtemps, et avec excellence, la mise en valeur du domaine colonial par des familles à demi-fortune. Partout, il a rencontré les objections sentimentales que les personnages de son livre expliquent. Malgré tant de révolutions, l'idéal de nos aristocraties républicaines et nobiliaires est encore de se pousser à la Cour, comme au dix-septième siècle. Les fils sans argent ne cherchent plus une place dans la vénerie du roi, mais ils visent à en conquérir l'équivalence dans un ministère. A vingt ans, ébloui par les lectures du *Journal des Voyages*, convaincu par les explorations africaines de Paul Soleillet, Savorgnan de Brazza, je voulais, du moins, aller « faire du mouton », en Australie. Muni d'un avoir, j'auıais probablement réussi. Au lieu de salir du beau papier blanc dix heures par jour, l'estomac coupé en deux par ma table, la tête étourdie par la hantise des lignes imprimées, dont j'absorbe quotidiennement deux ou trois volumes, je voyagerais, aujourd'hui, pour mon plaisir de riche, dans les Indes et les Japons, les Italies et les Ecosses, en me chantant l'histoire épique des peuples, en me rassasiant de tous les arts. Ma famille ne le permit pas. Elle insistait pour que j'entrasse dans les contributions directes. Mon père avait voulu que je devinsse médecin militaire; parce qu'alors « on a deux cordes à son arc »: le traitement des civils et celui des soldats. Ma mère, lectrice merveilleuse des bibliothèques, rêvait de me voir écrire, peindre ou modeler, « Faire du mouton », leur paraissait à tous une besogne honteuse. J'eus la faiblesse de céder aux désirs de ma mère, veuve et seule. Je me fis littérateur. Hélas, que n'ai-je veillé à la multiplication des brebis dans les prés australiens!

Vers 1880, une famille qui gardait en province l'esprit de l'Empire et de la Restauration, considérait encore un commis expéditionnaire à douze cents francs comme bien supérieur aux

plus intelligents des banquiers. Il avait une place à la Cour. Il était de la maison du roi. Tandis que créer la vie par la force de la spéculation, dans une région inculte et sauvage, faire jaillir du sol les soúrces de pétrole, bâtir les villes usinières, boulonner les rails de l'Orient à l'Occident, grandir l'aise humaine avec les motifs de travail, cela était besogne de vilain, tâche ouvrière et marchande, œuvre de basse roture. D'ailleurs, mes trisaïeux étaient tous industriels ou vendaient quelque chose. Ils avaient d'abord organisé sur la Scarpe, la batellerie pour le transport du charbon. D'autres, fabriquaient du cuivre. D'autres, entretenaient des moulins à eau. On comptait deux évêques et quelques chartriers parmi l'ascendance; mais, jusqu'aux guerres de la République, tout ce monde négociait sans honte et participa vigoureusement aux réformes prêchées par le compatriote Robespierre. L'Empire advint. Tout changea. Militaire, magistrat ou fonctionnaire furent les seuls titres honorables. Officiers, mon bisaïeul fut tué à Wagram, mon grand-père fit toutes les guerres de l'Empire. Quant à mon père, il fut inspecteur des postes.

Et il n'y eut pas, il n'y a pas encore de

millionnaire qui ne prétende à travestir son fils en général, en procureur, en consul, à tout le moins en chef de bureau. Parmi les Sémites même, un juif officier ou magistrat détient un prestige non pareil. Fût-il hideux, ladre, immoral et pauvre diable, il cueillera l'héritière de son choix, sans peine aucune.

Je ne discute point les raisons de ce préjugé bourgeois. Je crois qu'il répond à un sens faux mais respectable d'orgueil national, se souvenant des origines, et leur rendant hommage. C'est presque un souci d'art.

Je constate simplement que cette erreur, pour sublime qu'on la veuille qualifier, rejette les races latines hors de la vie universelle. Si, pendant deux générations encore, nos élites françaises, bourgeoisie, noblesse, négoce, vouent leur descendance instruite au fonctionnarisme, au militarisme et à la magistrature, le monde latin, supprimé économiquement par la concurrence étrangère, disparaîtra comme patrie. Sans richesse, il deviendra bientôt impossible d'entretenir les armées et les flottes. Nous connaîtrons le sort de nos frères espagnols, certes. Car le politicien paye ses électeurs avec des fonctions.

On comprend très bien, au reste, que l'élan passager des jeunesses citadines vers un réveil du nationalisme fut la réponse à cette critique imposée par l'évidence des faits. L'adolescence des élites, et ceux qui gardent leurs esprits adolescents, malgré l'âge, nous prêchèrent de revenir au militarisme impérial. Cela signifie : « Ce que nous ne pouvons gagner, nous le prendrons les armes à la main. Puisque nous sommes des commerçants médiocres et des coloniaux incapables, redevenons des soldats. La conquête compensera le déficit de la caisse ».

Le raisonnement est dangereux. Car, la bataille dépend du hasard. À supposer que la victoire nous flatte durant quelques années, et que nous en profitions pour rétablir la prospérité de nos affaires, les peuples soumis à nos intérêts économiques, attendront l'heure de la revanche; finiront par la faire sonner. L'histoire ne relate guère d'Austerlitz, d'Iéna, et de Wagram qui n'aient précédé quelque Leipzig et quelque Waterloo. Réveillant des énergies un peu somnolentes de la défense, rendant au pays la conscience trop obscure de ses vigueurs réelles, le nationalisme accomplit une œuvre utile à la perpétuité de la culture française. Il

n'apporte aucun remède. L'exagération des thèmes politiques, les démences naïves des partis
peuvent enthousiasmer les cœurs simples ; elles
ne remédient malheureusement pas aux maux
essentiels. Quels plus admirables soldats que
les Osmanlis ? Quelle race plus homogène
que la leur ? Quelle foi unifiante et ances-
trale plus solide ? Le marchand grec ou ar-
ménien leur demeure esclave. Et, cependant,
ils ne persisteront que si l'Autriche et la Russie
briguant leur succession, hésitent encore à livrer la grande bataille terrible et coûteuse, la
bataille du règlement d'hoirie. Cette existence
dépend d'un hasard diplomatique.

D'autre part, la Prusse, au dix-septième siècle
est un pauvre duché qu'accroissent malaisément,
depuis deux cents ans de petites guerres et des
achats. Soudain Louis XIV révoque l'édit de Nan-
tes ; et les artisans du protestantisme français y
affluent. D'autres causes analogues jettent les
étrangers dans le Brandebourg, qui devient agricole et industriel. Par l'ingérence de races différentes, la Prusse s'enrichit, développe ses commerces, peut entretenir mieux ses armées. En
1814, son roi entre à côté du tsar Alexandre
dans Paris ; en 1871, il coiffe, à Versailles, la

11.

couronne de l'empire allemand. Voilà, semble-t-il, une nation dont la grandeur ne fut pas amoindrie par l'accueil des négoces étrangers.

Certes, les protestants et les juifs teutons envahissent notre vie latine. Mieux qu'aucune gazette antisémite, les enseignes des magasins et les exergues des factures nous renseignent là dessus de façon péremptoire. Ils indiquent à l'antimilitariste, comment, après leur victoire guerrière, les Allemands le chasseront de l'atelier, de la boutique, pour accaparer ses bénéfices, ses appointements, son salaire. Mais cela nous affirme plus encore de l'urgence qu'il y aurait à devenir des commerçants supérieurs. Cela ne nous est pas impossible puisque nous semblons maintenant les premiers banquiers du monde. Soyons soldats, oui, mais soyons boutiquiers aussi pour repousser l'invasion par la concurrence avant de la repousser par les armes.

Aussi bien ne paraît-il guère possible aujourd'hui, de s'opposer à cette intrusion, même par la force. La vapeur et l'électricité modifièrent extrêmement les faces de la vie. Certes, nos élites, par bon ton, aiment toujours se croire au temps du coche et des courriers. Quelle que

soit la rubrique de nos gouvernements, l'aristocratie républicaine et noble pense comme sous
Louis XV ou sous Charles X. C'est peut-être
élégant. C'est à coup sûr puéril.

Or tout dépend des élites. Sous l'ancien régime
tout dépendait de la cour déjà, non du roi.
Les politiciens de 1848 crurent à la souveraineté de la masse. Maintes observations sur la
psychologie des foules, les études historiques
plus sérieuses nous avertissent. La masse est incapable. On la mène. Elle se groupe en troupeaux selon le hasard du cri qu'elle entend.
Un village est réactionnaire si les cinq personnes
qu'on y respecte, pour leur richesse, leur langage ou leur ruse, sont réactionnaires. Il deviendrait anarchiste si elles le devenaient elles-
mêmes.

A notre époque, l'individu génial est un mythe.
Quelqu'un exprime plus ou moins totalement
l'esprit de son milieu. Les circonstances, le sort,
l'aiguillon et la pauvreté, de bas instincts va-
niteux mettent soudain en vedette, l'un parmi
les cent qui lui sont égaux ou supérieurs. Il
devient grand homme. Plus l'élite sera pourvue
d'intelligence, et plus le grand homme aura de
valeur réelle. Le devoir est donc de favoriser

non pas les masses ou les individus, mais les élites, l'ouvrière, la financière, l'intellectuelle et la politique. A elles doit s'adresser l'enseignement. Le livre de M. Hugues Le Roux est, par excellence, une de ces leçons nationales. Il montre à l'aristocratie bourgeoise comment elle détruit le monde latin, en retenant ses fils dans les sangles d'une tradition contraire à toute la nouvelle vie des peuples. Créer des fils uniques pour conserver le majorat, élever l'enfant loin de tous les risques idoines à développer sa résistance, son énergie physique et morale, lui donner l'instruction exclusivement littéraire du collège, le vouer à un emploi de l'Etat, lui cacher les aspects exacts de la lutte sociale, l'halluciner sur l'importance des conventions mondaines, l'empêcher de courir au loin développer son initiative : ce sont les crimes de lèse-patrie.

L'espoir certain du majorat donne à l'enfant trop de confiance en l'avenir. Il ne l'habitue pas à la prévision de devoir le pain, le confort et la fortune aux seules ressources de l'initiative. Cet espoir atténue donc en lui les qualités d'élan et d'ambition. Les soins maternels excessifs empêchent le corps de s'affermir, de s'immuniser contre les maladies; l'habitude du cache-nez et

du manteau rend les poumons sensibles aux
moindres changements de la température, et con-
damne à la chétivité, les organes. L'instruction
exclusivement littéraire permet au bachelier de
se croire intelligent parce que sa mémoire
n'ignore point ; mais cet enseignement lui procure une confiance injustifiée dans ses mérites.
Cela le détourne de l'étude supplémentaire, des
idées, de la discussion. Cela le moule dans les
sentiments communs et sans puissance. Au sortir
du régiment le jeune homme mal appris, ayant
heurté les hommes reconnaît la piteuse vigueur
de son être. Il perd l'estime envers soi. Il se
résigne au scepticisme du boulevard qui « ne
coupe dans rien ». Avide seulement de triompher par le « chic » non par la beauté, il consume
les heures dans la nonchalance et la parade.
Il est l'odieux « fils à papa », celui qui restitue
mal à la circulation, les biens amassés par les
ancêtres, au lieu de faire servir ces biens, cette
instruction, et une énergie à l'accroissement de
l'aise humaine.

Et il ne se juge pas heureux. C'est l'avertisse-
ment terrible du livre. Cet égoïsme se trahit
lui-même. La mère imprudente en sa tendresse

extrême ignore la récompense de savoir son enfant près du bonheur. Car le bonheur réside à peine dans sa perception brève. Il vit surtout de continuité. Nous atteignons souvent une minute de bonheur. Le difficile est de la perpétuer. Or, si l'homme a su placer dans le triomphe de ses idées ou de ses prophéties son exaltation suprême, la variété des efforts et l'obstination de vaincre l'obstacle peut fournir cette continuité, du moins une fréquence. Si les motifs de l'effort se renouvellent peu, il ne tarde pas à devenir monotone et lassant. Le fils à papa, veule, ricaneur et malheureux, s'abêtit dans un bureau devant une besogne de vieillard, pour rentrer le soir, sous le joug de la maîtresse surannée qui satisfit le caprice de M. de Morny. Gloire et magnificence!

Ainsi en est-il. Ces jeunes gens ne possèdent même pas l'esthétique de la débauche ou du costume, prétexte de leur mission commode. Loin de faire valoir par la splendeur des ajustements certains corps et certains visages impeccables ils s'acoquinent à de très anciennes hétaïres, à des ballerines quinquagénaires, parce que des élégants illustres, dans le temps passé, favorisèrent d'une attention ces vieilles dames. Nous ne devons même point aux Fils à Papa la gratitude de modes acceptables. Depuis quatre-vingts ans, ils ne nous délivrent ni du chapeau cylindrique, ni du hideux pantalon. Leur devoir strict ne serait-il pas d'essayer la restauration du costume Louis XIV et Louis XV? L'habit d'Alceste est une redingote à col droit un peu ample, ses chausses ressemblent aux culottes de cyclistes, et le chapeau d'ecclésiastique imite son couvre-chef. Réunis sur un même corps, ces trois vêtements modernes nous rendraient en une certaine mesure l'aspect d'Alceste et ne nous conserveraient point, jusqu'à la consommation des siècles, celui de Joseph Prudhomme. Les Fils à Papa ne peuvent même point se hausser jusqu'à ce goût de la forme. Ils continuent à entretenir des duègnes et à nous imposer l'apparence la plus affreuse.

Aux mères françaises de régénérer la race. Le meilleur moyen de chasser l'étranger, c'est de lui faire par notre intelligence et notre activité une concurrence insoutenable. Les factures ni les magasins ne porteront plus de noms germains ou anglo-saxons, lorsque nous aurons acquis les équivalents français des énergies anglo-saxonnes et germaniques.

CHAPITRE XII

Les professions lointaines

Lorsque le jeune homme regardera l'avenir, lorsqu'il pèsera ses forces et lorsqu'il aunera son courage, lorsqu'il dira : « Le monde est pauvre pour mon ambition », il songera maintenant aux pays nouveaux dont chacun lui vante les richesses vierges. Ces pavillons des navires européens qui flottent par toutes les mers, ne protégeront-ils pas son aventure? Le mystère de l'Afrique s'entr'ouvre comme une fleur close au matin de l'histoire et qui va s'épanouir à midi, toute éblouissante du soleil, de pollen et d'or. On lève le couvert de la potiche chinoise. Des flammes s'échappent; mais, on distingue les eaux bleues, jaunes, rouges de ses fleuves, les lueurs de ses carbones, le grouillement actif de ses multitudes.

« Je m'en irai donc, pense le jeune homme, tenter là-bas fortune. J'apporterai dans les Orients les bienfaits de l'industrie et de la science, et je rapporterai dans le vieil Occident des choses bonnes pour aider mes concitoyens au labeur de la vie. Je leur enseignerai des arts inconnus et délicats, quelques philosophies grandioses, d'autres religions simples et fatales. J'étudierai pour eux, l'âme des peuplades qui sommeillent encore parmi les obscures sensations des origines. Je détiendrai le pouvoir puisque j'aurai conquis l'argent. Par moi, des villes se seront édifiées le long d'un chemin de fer africain, autour d'une usine asiatique. Des hommes souffriront et penseront différemment parce que j'aurai fondé une ère dans un lieu lointain. J'aurai créé avec ma force des forces. »

Ayant ainsi décidé, le jeune homme songe à la pénurie des moyens. Comment gagner, par delà les océans, les pays d'espoir? Une fois parvenu, comment défricher, ensemencer, forer, construire? Voilà ce que demandent, dans leurs lettres inquiètes, ceux que persuade le goût d'accroître la vigueur de leur esprit et leur puissance individuelle.

D'abord, il faut savoir quelle région choisir pour y planter le jalon. En lisant plusieurs ouvrages géographiques, les récits de voyages et d'explorations, on pourra se renseigner dans les bibliothèques. L'office colonial fournit les documents techniques et statistiques, le tableau des conditions commerciales et agronomiques, des transports, des prix de main-d'œuvre. Il conseille les hygiènes spéciales aux climats. Après ces études préliminaires, le jeune homme élit selon ses préférences, le continent où il exercera son activité. S'il est riche, il entreprendra simplement un premier voyage, afin de vérifier sur place, ses connaissances de la nature qu'il compte asservir. S'il ne dispose que du capital minimum, trente, cinquante ou soixante mille francs, cette excursion serait dispendieuse. Pour tourner la difficulté, certains jeunes gens préparent l'examen de Saint-Cyr. A la sortie de l'École, ils prendront du service dans l'infanterie de marine, en demandant à être dirigés sur la colonie de leur choix. Aux frais de l'Etat, et jouissant de leur solde, ils visiteront leur domaine futur de Madagascar, du Tonkin, du Fouta-Djallon, du Soudan.

Les devoirs de leur carrière les habitueront au langage et aux mœurs du pays. Sous l'uniforme, ils s'acclimateront; ils feront des expériences, ils observeront. Leur engagement fini.

ils n'ignoreront rien du nécessaire. Quelques-uns, très modestes, prétendent s'engager comme simples soldats et faire ainsi leur apprentissage colonial. On sait que le général Galliéni favorisa beaucoup ceux de ses fantassins disposés à de pareilles tentatives. Chaque cercle militaire est devenu, à Madagascar, un milieu d'études. Le soldat isolé dans un bourg joue les rôles de maître d'école, ingénieur des ponts et chaussées, juge de paix, agronome, instructeur de milices, fondateur d'industries locales grâce aux indications adroites et précises de l'état-major. Tel caporal commande dans le Betsiléo, à la manière d'un baron féodal. Il reçoit du sergent inspecteur quelques instructions habilement libellées dans le bureau du commandant de cercle. Par leur moyen, il organise, il exploite, il multiplie la production indigène. Le jour où il sera libéré du service, rien ne manquera plus à son expérience de colon. Concessionnaire de l'Etat, il fera probablement fortune, et vieillira très doucement dans un pays que sa science et son activité auront rendu prospère.

Il semble que les obligations du service militaire puissent, ainsi comprises, aider l'esprit d'initiative particulier aux plus énergiques de

la jeunesse. L'exemple donné par le général Galliéni doit être suivi par les autres chefs de corps.
Il l'est déjà. Les soldats de Marchand firent
pousser des plantes potagères, on s'en souvient,
dans les marécages de Fachoda. L'armée commence à n'être plus uniquement la force des-
tructive; elle obéit enfin à la loi moderne des
agglomérations humaines, qui les transforme en
forces productrices. Un jour viendra peut-être
où les soldats de cavalerie cultiveront eux-mêmes
les champs d'avoine et où, parmi les exercices
du quartier, l'agriculture tiendra sa place. Déjà
plusieurs députés proposent d'établir dans les
casernes des écoles professionnelles, instituées
pour l'éducation du paysan. Des ingénieurs lui
enseigneraient les meilleures méthodes de culture, d'élevage. Au lieu de rendre, après deux
ans, un homme uniquement habile à manœuvrer
dans le peloton, l'état-major restituerait à la patrie un citoyen plus précieux, enrichi d'un savoir
lucratif. Au bout de six mois, l'instruction du
pousse-caillou est à peu près complète. Rien
n'empêche que, dès lors, il apprenne l'art de
favoriser la vie de ses semblables, avec celui
de l'anéantir.

En cela l'infanterie coloniale donne l'exemple.

12.

Elle se peut nommer déjà l'école pratique de colonisation. C'est dans ses régiments que les jeunes hommes possesseurs d'un petit capital ou décidés à l'initiative des commerces exotiques, doivent aller recevoir les leçons de négoce, de prospection, d'élevage. Les récents concours agricoles de Madagascar prouvèrent l'excellence de la méthode. Le bétail breton autrefois débarqué dans l'île, le bœuf zébu autochtone composent des troupeaux modèles. Le porc indigène, très semblable à notre sanglier, est un type parfait. Il se reproduit en nombre. Sa chair ne le cède guère à celle de ses frères métropolitains. On pense importer bientôt le bélier d'Australie. Croisé avec l'espèce locale, il engendrera des bêtes aux laines précieuses, après quelques années de soins. Maintes et maintes personnes millionnaires doivent leur agrément aux brebis qu'on fit paître dans les plaines de la cinquième partie du Monde. Le mouton australien a porté vraiment la toison d'or que cherchèrent jadis les Argonautes de la fable, sur les bords du Pont Euxin, aux pieds du Caucase, parmi les troupeaux de Colchide. Madagascar peut aussi bien tenter les nouveaux Jasons. De toutes nos colonies elle paraît la mieux munie pour recevoir les possesseurs de capitaux modestes, qui trouveront des terres fertiles, une main-d'œuvre à bon marché et toutes les ressources utiles à la prospérité de la culture. Le Tonkin, les possessions en Chine conviendront mieux aux entreprise des riches. Annamites et Chinois tiennent les places de petits cultivateurs.

Aux Européens il est réservé d'y mettre en œuvre les capitaux importants pour l'exploitation grande et scientifiquement raisonnée des rizières qui devront fournir la nourriture de toute la Chine méridionale. Construire, établir et multiplier les moyens de transport, chemins de fer et bateaux de fleuve, diligences automobiles, améliorer la route, approfondir le chenal, établir les quais, draguer, baliser, instituer des compagnies de touage, jeter les ponts, installer les bacs et pénétrer par le Yunnan jusque vers les sources du Yang-Tsé-Kiang, en sillonnant cette région de chemins praticables, telle est la besogne au Tonkin. Tout l'effort français doit concourir à en faire un pays de transit peu coûteux et pourvu de moyens extraordinairement rapides. De la réussite ou de l'insuccès de cet espoir dépend notre fortune nationale. Quand la Chine aura été pourvue du machinisme anglais, germain, il y aura surproduction des objets de fabrique. Ceux-ci, les matières premières, charbons, métaux, soies et laines, devront être écoulés vers l'Occident par les voies les plus promptes. Or Saïgon sera le premier port où les navires venant de Suez, pourront arrimer le fret chinois. Les terrains montagneux qui séparent la Haute-Birmanie du Yunnan occidental ne permettent pas la construction facile d'un railway britannique. L'Angleterre finira par renoncer à ce mode d'adduction vers l'Inde des denrées mandarines. Saïgon peut devenir, si la timidité de nos capitalistes ne compromet tout, le premier port du monde. C'est une affaire de millions vivement dépensés afin d'établir une large piste de ballast entre Tchao-Toung, à l'ouest du Céleste-Empire, et la capitale de la Cochinchine française.

Le Tonkin est un champ d'expériences réservé aux spéculations de la banque, à la science des ingénieurs. La Tunisie, qu'on cherche à peupler de paysans provençaux et languedociens, satisfait déjà les appétits ambitieux. Belle région destinée à valoir des revenus importants au cultivateur dénué d'esprit aventureux, elle rendra dix ou quinze pour cent

des sommes dépensées, au lieu de deux, quatre et six pour cent que paie le sol métropolitain. Possédant deux ou trois centaines de
mille francs les familles qui bénéficieraient des
baux à long terme offerts sur le domaine de la
main-morte musulmane pourront tripler la valeur de l'argent au bout de vingt années. Les
personnes frileuses à la recherche de propriétés
sanitaires, agréables, esthétiques, découvriront
en Tunisie la réalisation de leur rêve. Mais l'activité fébrile du chercheur de toisons d'or ne
peut actuellement s'y démener avec fruit, quelle
que soit l'obligation du gouvernement, forcé à
l'invention d'un système pour substituer la prépondérance de l'élément français à celle de
l'élément italien. Si le principe de solidarité
n'était pas seulement un mot de réunion élec-
rale, les Chambres voteraient une loi obligeant
tout ancien officier ou fonctionnaire à résider
en Tunisie huit mois sur douze, pour toucher les arrérages de sa retraite. Les bourses
accordées aux lycéens devraient leur être ser-
vies dans les établissements d'instruction publique appartenant aux villes du protectorat et
dans ceux de l'Algérie. Les retraités, comme
les collégiens, entraîneraient avec eux leurs fa-

milles. Au bord méridional de la Méditerranée,
la prépondérance de l'élite française serait définitive, l'an prochain, si l'on prenait soin de désigner aussi, pour les postes de ces régions, les
officiers et les fonctionnaires les plus riches,
les jeunes soldats appartenant à des familles ai-
sées. Cette merveilleuse contrée ne manquerait
pas d'atteindre, en peu de temps, une prospérité
unique. Malheureusement l'économie politique
ne sort pas de la librairie. Que de protesta-
tions comiques et naïves susciterait une telle
loi ! Au nom de la liberté chacun obtient aisément de nuire à l'ensemble des Français. Cette
trahison est servie par les députés. Pour com-
bler, en cette même région de Tunisie et d'Algérie, les vides produits dans les garnisons par
le départ des troupes expédiées au Maroc, pour
ne pas désorganiser sur le territoire de la mé-
tropole, la mobilisation de l'armée active, capable de parer au péril des complications euro-
péennes, au danger d'une attaque allemande,
très possible toujours, selon le vœu pangerma-
niste, un ingénu proposa d'inviter les terri-
toriaux à former un corps de volontaires qui,
pendant quelques mois, irait à Oran, Cons-
tantine, Tunis et Mostaganem. On ferait appel

aux disponibles des arrondissements parisiens
et provinciaux qui, lors des élections témoi-
gnèrent de leur vive sensibilité patriotique.
Il suffirait de retourner la pièce au bureau de recrutement avec mention négative pour demeurer
chez soi, ou bien de se présenter à l'heure dite
pour être enrégimenté, puis dirigé sur Cette,
Marseille, et le pays d'Abd-el-Kader.

L'expérience serait décevante et honteuse. Peu
de patriotes accepteraient la mission. Le chau-
vin aime mieux boire frais dans l'arrière-bouti-
que, en dormant sur le livre de caisse, quitte
à menacer l'Europe de son fauteuil dès la lecture des gazettes énergumènes.

Le peuplement français de la Tunisie restera
le problème difficile. Elle n'offre point de chances extraordinaires à l'esprit d'aventure ; elle ne
rémunère pas exagérément le capital ; elle attire
à peine, par ses réels avantages, les demi-fortunes.

Le Tonkin aux financiers ; la Tunisie aux familles françaises méridionales ; la Nouvelle-Calédonie aux condamnés, exclusivement ; le Soudan à notre commerce d'exportation pour les
cotonnades, la quincaillerie, la tabletterie, au
commerce d'importation pour les huiles d'ara-

chide, l'ivoire, le caoutchouc, et Madagascar à l'initiative de la jeunesse énergique et munie d'un peu d'argent : ainsi, d'une façon très générale, doivent, semble-t-il, se répartir entre les diverses catégories de citoyens les richesses de l'empire colonial actuel.

Au cours d'un bon livre, M. Louis Vignon analysa les fautes de la régie financière dans les possessions exotiques. En général, les banques pèchent par excès d'indulgence à l'égard de l'emprunteur qui les entraîne dans ses opérations téméraires, dans sa ruine? D'autre part, le gouvernement exige trop de discipline étroite pour l'application des règlements aux actes des grandes Compagnies. Le fonctionnaire est jaloux du succès échu au négociant heureux. Le résident qui touche dix mille livres d'appointements voit sans plaisir l'administrateur d'un comptoir encaisser trente ou quarante mille livres de bénéfices. Et la tracasserie administrative sert cette jalousie. Selon l'auteur de l'« Exploitation de l'empire colonial », le plus sérieux adversaire des colonies françaises est la politique protectionniste. Un tarif métropolitain y favorise exclusivement ou presque les importations françaises au détriment des importations étrangères. Certainement, la vente de nos produits industriels augmente là-bas; mais, tout y coûte trop cher. Les conséquences du système aboutissent en fin de compte à rendre l'existence pénible. Obligé d'acquérir selon les prix majorés d'un négoce dont aucune concurrence sérieuse ne limite l'avidité, le colon pâtit. Ce dol formidable empêche l'accroissement de l'immigration. Il est la cause principale du moindre peuplement. L'industrie métropolitaine y perd, puisqu'elle ne vendra qu'à des colons et à des indigènes appauvris d'abord par sa faute. Elle tue la poule aux œufs d'or. La vie commerciale intérieure des colonies ne se développe point à cause de cette erreur. Ainsi, le commerçant de Paris, de Rouen, des Vosges, tarit les sources mêmes de sa richesse prochaine, par l'exaction présente. Et cette sottise est particulière à la France : « Notre politique douanière est en opposition avec les idées libérales partout admises en Europe... Obligeant les Africains, les Malgaches, les Annamites, peuples misérables ou pauvres, à consommer des produits chers, on restreint leur faculté d'achat, si étroite déjà par elle-même, et on diminue l'intérêt qu'ils auraient à produire en vue d'échanger ». C'est l'étouffement absolu.

Mais, dira-t-on, à quoi servent les colonies sinon à secourir le commerce métropolitain ? Et quel avantage en tirer si nos colons et les indigènes achètent des marchandises étrangères ? M. Vignon démontre que, même dans ce cas, le bénéfice existe, très réel. « La France, pour alimenter les industries de Lyon, de Marseille, a besoin des soies chinoises, des arachides et d'amandes de palmes africaines. Ces produits, elle devrait en acquitter le prix avec des cotonnades grossières ; mais son industrie ne les fabrique point. Alors, elle se tourne vers l'Angleterre et la prend pour intermédiaire. Des navires britanniques portent en Asie et en Afrique, pour acquitter les dettes des Lyonnais et des Marseillais, maints ballots de fils ou de tissus fabriqués à Manchester, tandis que nos commerçants expédient d'Outre-Manche, en paiement de ces transports et de ces marchandises, les vins, les étoffes de soie et de laine, les articles de Paris, spécialités de notre pays. Les statistiques témoignent de cette opération. « En 1898, les importations de l'Angleterre en France, n'ont été que de 505 millions et demi, tandis que les exportations de la France, en Angleterre atteignaient 1 milliard 24 millions. Ce serait un écart de 518 millions et demi à notre préjudice, s'il n'avait son explication naturelle, d'une part, dans les retours que déterminent les placements de capitaux anglais en France, d'une autre part, — assurément la plus considérable, — dans les paiements et les transports exécutés, pour nous, par l'Angleterre, chez les jaunes et les noirs. Pourrait-on nier, en présence de pareilles constatations, que nos colonies sont pour les industriels français des « débouchés indirects » très importants ? A l'heure où, sous le cabinet de Jules Ferry, l'expédition du Tonkin était l'objet des critiques les plus vives de l'opposition, nous avons entendu M. Clémenceau dire à la tribune : A quoi bon aller au Tonkin ? Nous exportons des pianos, ce ne sont pas les Annamites qui nous en achèteront !» Les faits et les chiffres font justice de cette boutade ; lorsque les négociants français ne pourront payer directement en marchandises métropolitaines les soies et les riz Indo-Chinois, ils en feront solder le prix par les Anglais en cotonnades, puis les rembourseront à Londres avec des pianos ».

Les intérêts commerciaux totalisent les patries d'Europe. S'il achète un tricot de Manchester à Hanoï, le colon rembourse par l'intermédiaire du négociant britannique amateur d'œufs français, le cultivateur normand qui fait emplette au Tonkin d'un cocon de soie transformé en cravate et ainsi vendu dans un magasin de Caen.

En aucun livre peut-être cette vie entière de la colonie française ne fut comprise ni démontrée comme dans l'ouvrage intitulé : *La grande île de Madagascar*, par Marius-Ary Leblond. Ces auteurs célèbres du *Zeijère* et de la *Sarabande*, ont parfaitement établi la synthèse de l'expansion exotique pour un peuple.

CHAPITRE XIII.

L'École Supérieure de Commerce

Sans que l'on veuille attribuer à l'élection
d'un Allemand comme général des Jésuites une
signification outrée, il convient d'admettre l'intention manifestée par les votants à la face du
monde. Gens avisés, subtils, éminemment politiques, ils ont prévu de quelle manière allait s'é-
mouvoir l'opinion commune. Quoi que l'on im-
prime d'officiel et de tendancieux, il demeure
indubitable que l'Ordre illustre a voulu déclarer les sympathies actuelles du catholicisme pour
les élites germaniques. Lors du dernier Con-
clave, l'Archevêque de Breslau, le cardinal Kopp,
ayant apporté au cardinal autrichien Puzyna
l'avis de prononcer l'exclusive contre le cardinal
Rampolla, candidat de notre ministre, les émi-
nences accédèrent à ce conseil, et Pie X fut
proclamé. A la Triplice, il doit sa tiare. Si
l'on raccorde avec ces deux événements le succès

récent du Congrès catholique de Strasbourg, la
faveur affectée par Guillaume II, à l'égard du
centre parlementaire catholique, auxiliaire de ses
collaborateurs pour la résistance contre les socialistes au Reichstag; si l'on considère aussi
l'urgence de plaire aux curés autrichiens dans
le cas où la succession de François-Joseph of-
frirait aux pangermanistes une occasion de triomphe, on méconnaîtrait imprudemment l'alliance
conclue entre le Pape et l'Empereur. A deux,
ils composent une puissance matérielle et morale.

Nous aurions tort de récriminer contre ce
résultat direct d'une politique anticléricale exi-
gée par la majeure partie de la nation française. Il n'en est pas moins vrai que nos radi-
caux renforcent considérablement l'influence du
Teuton. Nos partis de gauche exaltent l'ennemi.
Encore un peu de temps, et les coloniaux allemands obtiendront de protéger, en Asie, l'ensemble des missions chrétiennes. Le chemin de fer
de Bagdad distribuera les produits silésiens,
westphaliens et bavarois à ces populations le-
vantines, qui ne juraient que par la France. Or,
les bénéfices de ces transactions enrichiront,
avec les banques berlinoises, le trésor de guerre,

destiné à la menace d'invasion. Monopole d'une race qui comprend les plus actifs commis voyageurs du monde, l'influence officielle d'un pape ami sera très fructueuse, et, comme disent les annonces « défiera toute concurrence ». D'autre part, nous apprenons chaque jour que Guillaume II, débiteur du sultan, s'impose comme le protecteur des musulmans contre leurs maîtres européens. La croix d'une main, le croissant de l'autre, les exportateurs de Hambourg peuvent frapper à toutes les portes de l'Anatolie et de la Mésopotamie. Ils sont assurés de vendre les pacotilles à des clients prévenus en leur faveur, par des clergés divers, mais reconnaissants.

Depuis que Mgr Merry del Val, Jésuite espagnol et ministre du pontife, obéit aux injonctions du cardinal allemand Streinhumer, les boutiquiers de Castille, d'Aragon et de Catalogne, préfèrent les marchandises fabriquées sur les rives de l'Oder et de l'Elbe à toutes les autres. Et notre commerce français perd très rapidement sa clientèle dans la péninsule ibérique? En moins d'un an, le tiers est passé à l'ennemi.

Naguère, la *Revue commerciale de Bordeaux*

publiait un remarquable article de son directeur :
« Nous déplorons que la majorité des citoyens
ne soit pas en mesure d'apprécier les questions
qui intéressent son avenir et celui de son pays.
Les électeurs envisagent l'avenir de la France
au seul point de vue politique. Ils n'envoient
au Parlement, sauf de rares exceptions que des
politiciens. Toute l'activité de nos races s'est
laissé absorber par ce genre de soucis. Or,
la grandeur et la prospérité d'un pays ne dépendent pas uniquement de ses conflits intérieurs.
Qu'il s'y absorbe au delà de la raison, et il
s'anémie, tombe en décadence. Actuellement
la France semble dans ce cas. Si l'on ne réagit
pas, son prestige économique disparaîtra parmi
nos luttes intestines.

« Il est temps de détourner les citoyens de
l'obsession de la politique en les initiant aux
questions d'ordre économique. Car, un jour prochain, ils auront à défendre leur existence matérielle contre la concurrence et la production
intensive de tous les peuples. L'éducation économique élémentaire de la nation est donc de
toute utilité. »

Ainsi prophétisait l'organe des économistes,
des négociants bordelais, de ceux qui font, à cette

heure, tant de généreux et intelligents sacrifices pour mettre en valeur l'Afrique occidentale, lui créer un pouvoir d'achat bientôt rémunérateur ici, de nos salaires et de nos dividendes industriels.

Cet appel ne date pas de mai 1906. Depuis le début du dix-neuvième siècle, les écrivains compétents annoncèrent la même nécessité. En 1820, déjà, un groupe de négociants et d'économistes : Brodart, Legret, Chaptal, Jean-Baptiste Say, Jacques Laffitte, fondèrent une « Ecole spéciale de commerce et d'industrie ». Ils l'inaugurèrent rue de Grenelle-Saint-Honoré, dans l'hôtel des Termes ; transférée dans l'hôtel Sully, rue Saint-Antoine, elle abrite les apôtres de la science économique. Après les bouleversements de 1830, Adolphe Blanqui reprit l'œuvre interrompue en installant rue Neuve-Saint-Gilles son « Ecole supérieure de commerce », que les ministres ne tardèrent point à subventionner. Dès lors, l'enseignement des lois propres à la production, à l'échange, à la transformation des richesses, ne cesse plus d'attirer les esprits sérieux. En 1898, les Chambres destinèrent à la vie de ces idées supérieures, un magnifique immeuble édifié dans l'avenue de la République.

Maintenant, il s'agirait d'y voir affluer notre jeunesse bourgeoisie et ouvrière. La suprématie où la décadence du monde latin, dépendront de l'empressement comme de la négligence que les pères de familles marqueront devant les programmes de cet institut. C'est là que se formera l'élite, capable d'éduquer notre ignorance mortelle, puis de changer en intelligence active et clairvoyante l'opiniâtre manie des électeurs.

Avec la collaboration de la Ville, la Chambre de commerce prodigue ses soins à l'excellence de l'Ecole que M. Pâris, un homme éminent, dirige. Spacieux amphithéâtre, laboratoires clarteux, salle d'hydrothérapie, de gymnastique, cours ombreuses, accueillent les élèves et communiqueront aux parents l'assurance d'une hygiène sûre. Le corps et l'âme se trouvent également accrus dans ce temple du savoir essentiel. A douze ou quatorze ans, le lauréat des écoles primaires peut entrer à l'Ecole supérieure pratique de commerce et d'industrie. Aussitôt, les professeurs l'instruiront de toutes les connaissances, permettant d'aborder les affaires trois ans après, grâce à des certificats d'études approuvés par le ministre et garantissant l'habileté du jeune homme devant les chefs de maison. Cette préparation coûtera trois cents francs annuels à l'externe, six cents francs au demi-pensionnaire, douze cents francs au pensionnaire. Ils sortiront de l'établissement tout armés pour l'existence pratique et en état d'acquérir la fortune, quelque jour, au lieu de végéter sans espérance dans les prétoires de province, dans les cafés des garnisons, dans les bureaux des administrations publiques.

Le bachelier peut, ses études classiques finies, se présenter aux cours de la quatrième et de la cinquième année. Il complétera son avoir mental en s'assimilant les notions financières indispensables à la vie positive des patries, il apprendra quelles forces procure à l'ingénieur et au capitaliste l'utilisation des principes économiques. Il mesurera la puissance dévolue à l'industrie par l'appréciation scientifique des marchés, par l'emploi de la banque et des crédits, de l'agio, par le calcul du change, par les opérations de Bourse, par les leçons tirées de l'histoire et de la géographie commerciales, par les apports de la mécanique, de la chimie, de l'énergie électrique, par la comparaison entre les facultés naturelles des différents peuples, entre leurs outillages, entre leurs législations budgétaires et douanières, entre les richesses de leurs sols, de leurs sous-sols, de leurs eaux.

Alors, il sera devenu le type intégral du citoyen. Enfin, le Français comprendra qu'autour de son pays d'autres races évoluent dont les appétits et les habiletés rivales le menacent bien plus dangereusement que ne menacent les réactionnaires autochtones. A bon escient, il jugera s'il convient de laisser le pouvoir économique du monde latin décroître au point de disparaître devant la vigueur productrice des Allemands et des Américains qui, avant un siècle, nous posséderaient. Il siérait, en outre, que les mères de famille missent leurs filles en contact avec les demoiselles yankees qui viennent tout en visitant l'Europe, achever leurs études au Collège La Fayette de Paris. A se mieux comprendre, à commenter ensemble des idées, les démonstrations des professeurs, des conférenciers, les unes et les autres gagneraient beaucoup de lumières sur toutes choses du monde? Ainsi l'on préparerait des épouses aux initiatives averties et qui seraient, pour nos adolescents, des collaboratrices efficaces, des « associées », comme l'écrivait Lucien Muhlfeld, des conseillères inestimables. Ensuite se dresserait un couple nouveau qui changerait heureusement la sénilité radoteuse et chétive de nos âmes.

Car il n'y a pas à dire: en notre époque, toute gloire et toute vie des nations se préparent dans la boutique du banquier. Une autre conception de la grandeur publique est une erreur puérile.

CHAPITRE XIV

La formation des nouvelles élites

Les étudiants surent offrir à la bourgeoisie française, à leurs familles, un bel exemple de solidarité. Ils établirent un restaurant coopératif, avec l'intention d'obtenir une alimentation hygiénique et peu coûteuse. Les tristes mixtures que cuisinent des plongeurs sordides dans les gargotes du Quartier Latin, empoisonnèrent, un temps, les seuls jeunes gens au goût perverti et qui choisissent, de préférence, les sauces douteuses et les débris faisandés, servis sous les noms les plus illustres des menus diplomatiques. Peu nombreuse à la pendaison de crémaillère, la foule des consommateurs, extraordinairement, s'accrut en quelques jours. On put espérer qu'à la sortie des cours et des bibliothèques, toute l'adolescence studieuse s'attablerait dans la salle du repas en commun. Elle y gagna

de mille manières. En effet les différentes pensions de la rive gauche sont fréquentées par
des individus équivoques, enclins à couvrir
du titre de basochien leurs occupations lou-
ches. Jusqu'à présent, les aigrefins se mê-
laient sans façon aux braves garçons naïfs
qui devenaient leur proie, grâce à l'appât des
courses et des filles. Dans leur restaurant coopératif les bacheliers se trouvèrent entre eux. Fa-
talement, les propos prodiguèrent plus d'intelligence et d'espoirs élevés. On parla davantage
sur les matières de l'enseignement et la science
des maîtres. Les racoleurs pour bookmakers
clandestins ne purent insinuer aussi commo-
dément leurs tentations parmi les discours.

A s'assembler, loin des ignorants, fût-ce
pour manger, la jeune élite studieuse gagnera
l'esprit de corps. Elle se formera mieux un idéal
collectif de son rôle dans l'avenir. Quoi qu'on
en dise, ni les masses, ni les prétendus grands
hommes ne font le destin des Etats. C'est l'é-
lite instruite qui règle le sort de la patrie.
L'homme illustre ne remplit qu'un rôle de hé-
raut et de proclamateur pour ce qu'elle pense.
Et la multitude ne voit dans la politique qu'un
moyen de sauvegarder immédiatement ses intérêts matériels. La grandeur du pays, les scien-

ces de la civilisation demeurent indifférentes à l'électeur des campagnes. Il vote pour exiger un droit de douane prohibitif sur les produits agricoles étrangers, afin que le blé et le vin de la province se vendent très cher, et afin qu'il empoche. Du reste, il se moque ou à peu près. Avec ce beau système de gouvernement exclusif par les masses, nous ruinons la patrie. La doctrine protectionniste qu'elles appuient de leurs suffrages a déjà totalement anéanti notre marine marchande, en forçant les constructeurs de navires à solder des impôts fabuleux pour l'entrée des matières premières indispensables. De la sorte, l'armateur doit, en France, payer plus de cinq cents francs environ, ce qu'il achète trois cents francs environ au dehors. L'industrie des constructeurs disparaît. Notre pavillon commercial n'apparaît plus dans les mers d'Orient, alors que les couleurs allemandes et anglaises pullulent là-bas. Tel est le dernier méfait du protectionnisme électoral. La jeunesse, qui maintenant pare son intelligence à l'Université, assume nécessairement la tâche de reconstituer la puissance de l'élite savante, et l'esprit généralisateur. Il devra s'opposer aux intrigues des hommes providentiels,

11.

monarques ou dictateurs, que l'expérience condamna, puis à l'omnipotence des intérêts rusti-
ques en l'honneur de quoi le Parlement sacrifie
l'avenir idéal et réel de nos vingt races françaises, alliés par la tradition latine. Il importe
que les législateurs, les docteurs, les professeurs de demain s'apprêtent dès maintenant à
renouveler l'énergie de l'élite actuelle, trop
veule, trop sceptique, vaincue par le grossier
triomphe du cabaretier électoral. Rude sera la
besogne. Car, il ne sied pas de songer à la
réaction. Aucun logicien ne saurait un instant
soutenir que l'on doive restreindre les garanties
du suffrage universel. Mais, il faut l'éclairer;
et, dans les Chambres mêmes, en adjoignant aux députés du peuple, nombre de man-
dataires élus par l'élite intellectuelle. Et faire
cela, c'est faire une révolution; c'est faire reconnaître que nos pères se sont trompés sur la
valeur de la masse. En assimilant l'intelligence
des laboureurs à celle des ouvriers, on commet la faute. Ceux-ci constituent une élite extrêmement supérieure à celle des populations
rurales. Rien de commun entre les deux éléments, au point de vue de la raison intui-

tive. Ils deviendront les deux forces de deux sectes ennemies.

Le monde moderne n'évitera les longues horreurs de la guerre sociale que par la floraison d'une élite mentale toute neuve, dégagée d'attaches avec le passé, et prête à toute la justice. Ce groupe sauveur ne se peut former et fortifier que par un souci constant d'être solidaire, bien uni contre tous, égal en ses goûts et en ses aspirations. Ce que l'histoire attend de cette jeunesse est immense. Et la jeunesse ne le peut accomplir qu'avec le secours de toutes ses vigueurs latentes ou virtuelles. Les concentrer dès aujourd'hui est un devoir. Sinon, la dictature à forme socialiste ou la dictature à forme bonapartiste l'emporteront quelque jour, pour une période brève, certes, mais après un conflit sanglant et désastreux. L'œuvre de l'élite prochaine est de se dresser entre ces deux fléaux et de leur imposer la justice d'un arbitrage libéral, disons anarchiste, dans le sens étymologique de l'épithète qui n'admet pas la suprématie d'une force sociale opprimant les autres forces sociales, mais qui les convie toutes à se développer parallèlement, pour la prospérité de l'âge industriel.

Faciliter aux étudiants les moyens de s'aimer, de se comprendre, de se concerter et de fraterniser, sans doute, est-ce épargner au pays des cataclysmes.

Il eut semblé que toutes les familles où l'on éduque des lycéens pour les Ecoles se dussent de contribuer à la réussite. L'action du Restaurant coopératif coûtait vingt-cinq francs. C'était peu de chose. Mais, cela multiplié par les bonnes volontés libérales de la bourgeoisie française, n'eût pas manqué de fournir un capital important. A l'heure de prendre ses inscriptions et de s'installer au Quartier Latin, l'étudiant possesseur d'une ou plusieurs actions se fût rangé dans le milieu le plus favorable à son développement moral, intellectuel et civique. Pour le moins d'argent, il s'alimentait selon les lois de l'hygiène. Car, une surveillance médicale scrupuleuse contrôlait la préparation des aliments. Les tables du restaurant coopératif ne supportèrent aucune bouteille de liqueur ou d'alcool. Seuls, le cidre, le vin, la bière furent tolérés comme boissons. Le premier essai n'aboutit pas.

On ne se préoccupera jamais trop de la santé de la jeunesse, à l'âge où elle dépense infiniment, soit en travail d'assimilation intellectuelle, soit en exercices du corps, soit en plaisirs. Une mauvaise nourriture détériore l'estomac, et, par suite, toute l'économie, dont il brasse les vivres. Or, dans les gargotes où l'on sert des repas au rabais, le cuisinier utilise obligatoirement des rogatons interlopes, des œufs conservés, grâce aux formules d'une chimie discutable, des viandes trop longtemps exhumées des steamers frigorifiques où elles voyagèrent depuis les abattoirs de la Plata.

Ce motif sanitaire, à défaut des autres, éveillera certainement la sollicitude des familles. Les fondateurs du Restaurant espèrent organiser, par les moyens de la Coopération, un Hôtel d'étudiants. La création en est encore plus urgente. Dans les logements garnis de la Capitale, les tenanciers installent les meubles acquis dans les ventes après décès. Le marteau du commissaire priseur met aux enchères la diphtérie, la peste, la variole, la syphilis et la tuberculose, en même temps que le crieur étale sur le comptoir les matelas aplatis, les couvertures de laines, les traversins de plumes, les édredons rouges, les courtines à franges, les ciels de lits poudreux, les carpettes à fleurages. Que l'étudiant s'affaiblisse à la suite de grands travaux ou de noctambulismes, il offrira le meilleur terrain de culture aux ferments de la contagion épars dans l'air de sa chambrette, qu'encombrent l'armoire à glace, le guéridon boiteux, le canapé de cretonne, les deux poufs capitonnés, les rideaux abondants de la couche. Il faut une constitution herculéenne pour ne point trépasser dans cette atmosphère de peste. De fait, quelques-uns périssent. On le voit : participer à la fondation du restaurant et de l'hôtel coopératifs, c'est écarter de notre jeunesse les chances de la maladie, de la mort, des compromissions fâcheuses; c'est aussi contribuer à la création d'une mentalité vigoureuse digne de vaincre par la sagesse et la science, les entreprises contre la liberté. Il convient de rappeler, au centre universitaire, les étudiants dispersés, dans les endroits luxueux de la Capitale, et qui dépensent en snobs les exaltations précieuses que l'amour des idées devait recueillir dans leurs âmes ardentes.

Rien de moins difficile, en somme. D'eux-mêmes, ces jeunes hommes mesurèrent ce que la solidarité comporte d'avantages immédiats. Ils lurent les magnifiques résultats obtenus par les Sociétés anglaises. Ils apprirent que certaines

coopératives ouvrières ont gagné et possèdent
des millions; que leurs participants sont assurés
de ne jamais être dans le besoin. Assistance
médicale, retraites pour la vieillesse, hospita-
lisation des infirmes, assistance judiciaire, éducation et instruction des enfants, tout est garanti par l'association. Pourquoi les étudiants
ne réussiraient-ils pas aussi bien que les ouvriers? Pourquoi le prolétariat des bacheliers
ne constituerait-il pas un capital commun, à
l'exemple de ces travailleurs manuels?

On affirme que, dans les milieux de la petite
bourgeoisie, l'orgueil de chacun s'oppose à l'in-
novation coopérative.

L'heure semble bonne pour le développement
du mutualisme. Maîtres et disciples l'admettent.
Au nombre des membres qui formèrent le conseil d'administration et la commission de surveillance pour la Coopérative du Quartier Latin
on relevait les noms qui suivent :

Président: M. Charles Gide, chargé du cours
d'économie sociale à la Faculté de Droit de Paris; vice-président: M. Jules Tannery, sous-di-
recteur des Etudes Scientifiques à l'Ecole Normale Supérieure; secrétaire: M. Henri Hayem,
licencié ès-lettres, étudiant en droit; trésorier:

M. Camille Tanesse, économe honoraire au Lycée St-Louis; trésorier-adjoint: M. Raymond Recouly, licencié ès-lettres, étudiant d'agrégation. Membres: MM. Georges Accolas, étudiant; Léon Delamarche, étudiant; Charles Driessens, créateur de l'enseignement populaire de la cuisine; Julien Durand, étudiant; Charles Guieysse, administrateur de la Société des Etablissements de l'Etoile Bleue; Henri Martel, inspecteur des services sanitaires au Ministère de l'Agriculture; Alfred Nast, étudiant; Michel Revon, professeur à la Sorbonne; Pierre Vallet, étudiant; Maurice Goguel, étudiant; Ernest Lavisse, professeur à la Sorbonne; Jean Longuet, étudiant; Charles Lyon-Caen, professeur à la Faculté de droit de Paris.

Autant dire que les meilleurs esprits des Facultés se vouent à cette œuvre magnifique de régénéraiion de l'élite française. A la bourgeoisie de suivre les chefs de ces idées et de contribuer au renouvellement national.

CHAPITRE XV

L'équilibre moral

Etudiants, officiers, poètes, fonctionnaires, ingénieurs, nos bacheliers imprimeront sur l'avenir le sceau de leur mentalité. Si la première rencontre avec le réel des choses leur plaît, ils formeront sans doute une élite d'optimistes. S'ils se trouvent déçus, le pessimisme rongera leurs âmes moroses et critiques. Cette expérience préliminaire durera quelque dix années. Après quoi toute cette jeunesse, venant à la trentaine, opposera son esprit fait, son influence acquise, ses espoirs définis aux idées antérieures et régnantes. C'est à vingt-sept ans ou vingt-huit ans, d'ordinaire, que l'homme devient une force sociale. Ensuite la France, lentement, se modifiera selon les désirs de cette génération et selon les souhaits que la nôtre formula. Apparemment, ces deux volontés collectives se mêleront pour constituer une moyenne qui sera le fonds mental de nos races, alors.

Lorsque notre génération quitta le lycée, vers 1880, elle avait appris, de ses professeurs, le scepticisme et l'évolutionnisme. La première méthode niait la possibilité logique d'une certitude; la seconde offrait, comme vraisemblance acceptable, comme pis-aller, la loi de la lutte pour la vie et celle d'un transformisme éternel métamorphosant les êtres, avec leur physique et leur moral, d'après les conditions du clinat, du décor géographique, des atavismes accumulés, des aliments fournis par le sol. On aimait l'hypothèse d'Angleterre spécifiant que le nombre de vieilles filles protestantes, de leurs chats enclins à croquer les insectes destructeurs de la luzerne, assure au bétail des comtés cette nourriture abondante, munie de tous les sucs, donc une chair très saine, une viande réparatrice et stimulatrice de l'énergie humaine, capable de triompher, dès lors, par le monde. Ce déterminisme qui attribue aux minets du peuple insulaire, et par suite à la plus modeste vie, le succès des amiraux, des colons et des négociants enchanta nos âmes d'écoliers. Réduisant à rien la volonté de l'individu, déclarant la valeur égale de tout ce qui respire, cette théorie rendait plus évidente l'urgence de la solidarité civique. Ajoutez que le pessimisme en vogue de Schopenhauer nous défia de savoir le bonheur, que le naturalisme parallèle de Zola, nous indiqua les hypocrisies, le vilain, l'envers des existences honorables. Orgueilleux de pouvoir nier tout principe, mais humblement soumis à la fatalité des forces, nous nous liâmes à la plus proche: la force qui se manifestait par les revendications adversaires de la bourgeoisie que tant de livres admirables condamnaient. Libéraux par scepticisme, socialistes par naturalisme, indulgents par pessimisme, humanitaires par déterminisme, nous allâmes vers nos fins.

Aujourd'hui, le bachelier subit l'influence de Nietzsche comme nous subîmes celle de Schopenhauer. Il a la volonté de puissance et le goût de se faire surhomme. Il cultive les sports, afin d'exercer son caractère au risque, à la vaillance, à l'opiniâtreté. Il révère son individu. Il croit au bonheur. Pour le savourer, il s'émeut avec Jean-Jacques et l'école naturiste qui perpétue cet esprit devant les fruits, le soleil, la forêt. Tous les opuscules des nouveaux poètes contiennent cette litanie qu'eût lue Bernardin de Saint-Pierre, les larmes aux yeux. Autant qu'on en peut juger par ceux qui s'expriment au moyen de l'imprimerie, le rêve de l'adolescent vise à se paraître l'Homme robuste au milieu de la nature plantureuse et sentie.

Notre pessimisme, notre déterminisme cherchèrent dans la magie symbolique les motifs de comparer entre elles, les idées lointaines, de les apparenter, de montrer par quelles faces le oui et le non se ressemblaient. Sceptiques, nous fîmes fraterniser les contraires. Et nous adorâmes les arts évoquant le rare, le complexe, l'inquiétant.

Les jeunes gens de cette heure préfèrent le simple et le clair. Ils cherchent la beauté dans l'apparence quotidienne des choses. Le mystère semble pour eux sans attrait. Bien que les découvertes incessantes de la biologie suscitent des problèmes extraordinaires, multiples et bizarres, bien que les thèses bâties sur les mouvements des atomes, des ions et des électrons, sur la radioactivité, sur les colloïdes, révèlent de surprenantes probabilités, il n'en résulte pas, dans les âmes neuves, cette inquiétude ni cette tristesse dont nous fûmes empreints devant les phénomènes qui reculaient infiniment les limites de notre gnose. C'est que déjà sont admises les différenciations extrêmes entre le savoir de naguère et celui de tout à l'heure. Les commotions que nous reçûmes en écoutant Taine, Pasteur, Berthelot ne peuvent être ressenties par ceux élevés dans la période où ces paroles se vulgarisaient de jour en jour. Le miracle scientifique est devenu banal. Cette génération ne s'étonnera guère si, demain, M. de la Vaulx enlève un paquebot sous le moteur de son aérostat dirigeable; tandis que nous demeurâmes stupides d'émotion lorsque la première automobile roula sur l'avenue du Bois. Que de fois ai-je lu, lors de ma vingtième année, des articles ou des chapitres vilipendant le vieux monsieur décoré qui suit les modistes dans la rue. Maintenant, ce menu ragot égaye et ne révolte pas. On ne défend plus avec de grands mots l'ingénuité de ces fillettes. Et le fait d'être décoré n'implique pas l'obligation de paraître solennel, chaste, pur, impeccable. Ce qui, vers ce temps-là, était tenu pour abomination, n'excite plus notre rire. Nous admettons que chacun satisfasse ses passions, comme il l'entend, s'il ne nuit pas. Et ce que nous nommions l'hypocrisie s'appelle « la tenue » tout simplement, chose estimée nécessaire comme la cravate.

Aussi la génération nouvelle ne peut sentir de la même manière. Nous pensions, au collège, que la société se divisait en deux castes très distinctes et qui ne se mélangeaient pas. Nous pensions que les amis de nos familles étaient tous des personnes irréprochables, que les adultères, les tripoteurs, les courtisanes, vivaient dans un autre groupement, qu'une frontière idéale, mais infranchissable, séparait les deux sortes de gens. A notre grande surprise nous découvrîmes que le mélange se consommait toutes les minutes. A cause de leur fortune, de leurs fonctions, de leurs parentes, les plus compromis frayaient avec les plus probes. Je me souviens du coup que valut à ma morale stoïque la rencontre d'une femme légère et connue pour ce, dans un salon collet-monté. On allégua qu'on la recevait pour ne pas désoler les siens, par pitié. Or, chacun fêtait la jolie personne. Ses aventures allumaient la curiosité des petites épouses pudiques, qu'elle choquait un peu, qui l'enviaient beaucoup. Les messieurs rivalisaient autour d'elle. Elle était la reine des galas. Je l'avais vue, pour la première fois, dans un pavillon de chasse, où son amant la traitait en ma compagnie, par trop secrètement.

Quel jeune homme d'à présent ressentirait le trouble intellectuel dont je fus affligé, de longs mois, à la suite de cet incident? Aucun. Chacun sait que le monde a englobé dans ses groupes, pêle-mêle, le vice et la vertu, que même ce rapprochement est souhaitable, qu'il donne du piquant aux réceptions, que d'ailleurs les conséquences ne semblent pas autrement funestes, la vertu demeurant vertu, le vice se gardant bien de s'amender.

Il est donc à présumer que cette jeunesse nouvelle ne souffrira point de ces heurts qui nous désolèrent. Le drame lugubre du désastre militaire, ses rancunes, ses désirs de revanche ne l'ont pas obsédée non plus, comme il nous obsédèrent, vingt ou trente ans. La défaite de Sedan afflige cette adolescence juste comme nous affligea le récit de Waterloo. L'ouverture des continents vierges à la chance des Européens, la facilité des longs voyages, tout cela promet l'aise que les contrées tropicales offrent aux âmes éprises du naturisme inauguré par Jean-Jacques, ressuscité noblement par Francis Vielé Griffin, par Saint-Georges Bouhelier, par Madame de Noailles, par Francis James, par Abel Bonnard. La nouvelle jeunesse saura goûter la vie, ses opulences et ses voluptés sans le remords que l'éducation stoïque de jadis nous prodigua. Gageons que l'optimisme guidera ces volontés hardies, simplistes et franches.

Dans cet optimisme et ce noir pessimisme, un esprit va s'engendrer qui sera tout d'équilibre. Dans une dizaine d'années, la France aura quelque peu rajeuni mentalement. Cette phase de vieillesse, d'anxiétés et de lassitude où elle se complaît, depuis un quart de siècle, prendra fin. Elle jouira d'une audace avertie, non aveugle. Elle connaîtra des heures de force mûre et d'enthousiasme éclairé. Saluons cette adolescence qui sort aujourd'hui des collèges, sous de si beaux auspices, et qui préparera sans doute de la gloire au nom latin.

CHAPITRE XVI.

Le génie de la langue

Haïssons le parti pris. Il est l'adversaire de toute sagesse, de tout progrès, de tout harmonieux équilibre. Donc, et si pénible que paraisse aux yeux du lettré le dessein de réformer l'orthographe en un coup, de changer le visage familial de nos pensées françaises, il sied pourtant d'examiner cette entreprise.

Assez brutalement, les philologues patentés en assument la mission. Ils ironisent à l'égard de l'Académie dont ils narguent les goûts traditionnels; et ils déclarent à grand vacarme qu'ils vont opérer scientifiquement — eux! Loin de nous l'idée de mettre en doute le savoir des chartistes copieusement diplômés. Néanmoins, le premier mot que défigure M. Paul Meyer, rapporteur du projet, devient, par là même, un solécisme, une faute grave contre la logique, contre l'étymologie: « Les fâmes sont extrêmes:

elles sont meilleures ou pires que les hommes ».

« Fâmes » au lieu de « femmes » ! Nul n'ignore que le français, l'espagnol et l'italien sont des patois, ou plutôt des dialectes du latin, comme le dorien et l'ionien étaient des dialectes du grec. En vérité, la langue mère, la langue pure de nos races, c'est depuis dix-huit cents ans le verbe de César ou de ses légionnaires plutôt. Antérieurement à la civilisation romaine, il n'existait pas de langue écrite, c'est-à-dire qu'il n'existait rien. Le français semble une déviation normale du latin employé par les soldats colonisateurs, par les auxiliaires civils venus à leur suite. On peut affirmer, d'une façon générale, que le latin de Tacite et de Virgile traduisait les sentiments des personnes instruites ; et que le français de la Chanson de Roland perpétue le vocabulaire du peuple italique appelé par les proconsuls dans les camps de la Gaule, afin de les transformer en villes, en municipes, sur le modèle des cités cisalpines. Ces principes d'histoire admis, il apparaît qu'en toute logique, si nous modifions l'orthographe, il convient de le faire en tenant compte des origines. Or, le latin, fame, signifie « réputation, renommée » ; tandis que l'idée femme s'exprimait par le mot femina : M. Paul Meyer nous offre donc un contre-sens. La phrase qu'il signe voudrait dire, scientifiquement, puisqu'il en appelle à la science : « Les réputations sont extrêmes ; elles sont meilleures ou pires que les hommes ». Non-sens ou contre-sens évidents l'un et l'autre selon les deux manières d'interpréter ce texte.

Que voilà donc une pitoyable réforme scientifique ! Et comme M. Paul Meyer élabore de l'inconséquence, de l'étourderie, de l'illogisme, pour un chartiste ! De même, quand il change « elle » en « eles ». L'étymologie enseigne qu'illa fut le vocable père. Et, d'ailleurs, chacun de nous fait sentir, en parlant, les deux l. Cependant, le « homines », des Romains comprenant un seul m, acceptons de supprimer le second, bien que cette duplication provienne sans doute des copistes ayant inscrit par trois jambages égaux l'i et l'n. Donc sur trois mots arrangés de la phrase classique, le premier engendre un contre-sens ; l'autre dément l'étymologie, la coutume actuelle de prononcer, et cette phonétique très embryonnaire qu'on invoque ; le dernier, uniquement, correspond à une espèce de déduction. Je ne sais comment les académiciens auraient abordé la besogne que s'arrogent les philologues, mais je crois que tels conseils érudits de MM. Brunetière et Faguet eussent détourné leurs collègues d'erreurs si lourdes.

Ce n'est pas que je réprouve le désir de simplification. Toutefois, il convient de fixer une méthode saine de travail. Si l'on veut aboutir à un avantage indiscutable, le mieux serait de rebâtir l'architecture des mots à l'exemple de celle qu'ils avaient du temps latin.

Persuadant les Espagnols et les Italiens d'accomplir chez eux des amendements parallèles, on ramènerait assez vite les trois dialectes à une certaine unité du moins écrite. Bien au contraire, la proposition des philologues français annonce un divorce linguistique entre les trois nations qui s'évertuent à cette heure pour renouer les liens de la famille méditerranéenne civilisatrice du monde. Evidemment, l'orthographe présente mille difficultés qui compliquent la tâche du pédagogue. Evidemment, il est oiseux de consommer un nombre excessif de classes pour obtenir des élèves la dictée sans faute. Evidemment, mieux vaudrait que ces heures fussent employées à l'accroissement de connaissances historiques et scientifiques, mais le remède n'est point dans un travestissement contraire au génie même de la langue. Il suffira que les examinateurs attachent moins de conséquences à l'étourderie du candidat oubliant l'h « d'orthopédie » et la règle de « feu ma tante ». Car, si nous ne voulons vouer à l'abêtissement toute la jeunesse, il importe de la juger, enfin, sur les idées qu'elle acquiert, et non sur l'impeccabilité de l'expression. L'enfant, l'adolescent qui dissertent bien sur un problème de simple morale, qui narrent de façon imaginée quelque épisode, qui relatent la succession des faits avec une certaine intelligence de leurs causes, ceux-là méritent la palme, même s'ils laissèrent échapper un barbarisme ou deux ; tandis qu'une composition correcte, mais stupide, doit normalement retenir peu de suffrages. A qui l'Etat de préférence, doit-il ouvrir les diverses carrières ? Aux jeunes gens qui savent les règles et les solutions toutes faites, ou bien aux jeunes gens capables d'initiative, de sagacité, de création ? Aux seconds certainement. Le corps enseignant n'a pas toujours partagé cette opinion. Naguère et pour éliminer le nombre voulu des candidats aux fonctions administratives, les jurys composaient encore des textes pleins de traquenards et d'embûches. Ces préparateurs des questions s'ingéniaient afin que les concurrents fussent troublés par l'obligation d'employer sans bévue « tout, quelque », les participes exceptionnels et les mots rares. Ainsi, l'on jetait hors des professions libérales, la jeunesse mal corrompue par le psittacisme scolaire. Il eût été moins bête de procéder à cette élimination en convainquant d'ignorance les candidats interrogés sur l'histoire des routes commerciales, sur les conséquences économiques des grandes guerres, sur les ressources naturelles, agricoles et industrielles des pays lointains. Rien n'empêche les universitaires de préférer cette méthode-ci. Qu'ils cotent très haut la meilleure synthèse de connaissances; qu'ils comptent pour rien, ou presque la faute d'expression, et ils rendront à l'avenir du pays le service essentiel pour lequel ils sont gagés, au lieu de satisfaire une manie de spécialistes tatillons, nigauds.

Voilà, je pense, la bonne solution du problème. Nul besoin, pour cela, de cruellement défigurer notre pensée française, car, lui retirer sa physionomie héréditaire serait un acte barbare. En effet, on appelle écrivain de génie, à l'ordinaire, ceux qui savent exprimer la synthèse des idées, des sentiments et des aspirations propres à une race, depuis ses origines, par le moyen de fables symboliques.

Ainsi Eschyle, Shakespeare et Gœthe acquirent leur gloire indiscutée. L'un évoqua les titans, fondateurs du prestige humain, et toute l'âme hellénique de ses frères vainqueurs des Perses à Salamine. L'autre, ressuscitant les passions romaines émues autour de César, d'Antoine, en déduisit les influences directes qui régissent aussi la vengeance d'Hamlet. Le troisième rallia les élans de l'obscure fatalité qui conduisit la vie d'Hélène apparue à Faust et celle aussi de Charlotte, déterminant la mort de Werther. Ces grands hommes firent comprendre à tous que des forces supérieures et inconnues, que des idées vivent à travers les races successives, traversent, par le moyen des invasions, des commerces et des apostolats, les patries, les époques, afin de croître, de prédominer ; puis dépérir, leur mission accomplie, en laissant les germes d'autres forces, d'autres idées.

Le génie des littératures consiste en cet esprit de synthèse brusquement révélé par quelques œuvres rares au cours des siècles, comme celles de Montaigne et de Flaubert, en France, voire comme celles d'Hugo. De ce dernier, si l'élite aime surtout la Légende des Siècles, c'est que l'esprit de totalisation s'y découvre marquant tout l'effort des races méditerranéennes, et offrant pour conclusion la synthèse complète du Satyre.

Or, le mot est un poème aussi. Jadis hiéroglyphe, dessin, il symbolise les âges de la pensée qu'il fixe. Retrancher de lui toute une époque en négligeant l'étymologie, en méconnaissant le sens et l'esthétique premiers du signe, c'est démembrer sa longue beauté. Il faut que nous lisions, dans nos livres, l'idée helléno-latine qui nous forma. Cela est sain. Cela est nécessaire à la cohésion des esprits français issus de peuples divers, et n'ayant, pour s'apparenter étroitement, que cette communauté d'éducation méditerranéenne. Modifier l'orthographe, sans respecter les origines, c'est anéantir le génie de la langue, autant que si l'on brûlait tous les exemplaires du Prométhée d'Eschyle pour ne conserver que les Perses, tous les exemplaires de Jules César pour ne conserver qu'Hamlet, tous les exemplaires du second Faust pour ne conserver que Werther, tous les exemplaires de Salambô et de la Tentation pour ne conserver que Madame Bovary.

Les chartistes et les philologues assumerontils la responsabilité de cette destruction sans que protestent les lettrés? J'espère qu'il n'en sera rien. J'espère qu'une ligue se constituera pour défendre le génie de la langue contre les caprices d'examinateurs embarrassés. Déjà, le meilleur de nos puristes, M. Marcel Boulenger a fait paraître de judicieuses objections, dans un excellent opuscule intitulé: La *Querelle de l'Orthographe.* M. Gaston Deschamps, le critique littéraire de « Temps » manifeste un courroux légitime de normalien, ayant puisé les raisons de sa logique à l'Ecole d'Athènes, durant un long séjour d'études scrupuleuses. Il est impossible que les philologues se refusent à reconnaître leur erreur et à choisir une méthode différente. Ils écouteront les avis très savants de l'unique esprit qu'est M. Rémy de Gourmont et qui, dans la *Revue des Idées,* critiqua le projet. Ils se rappelleront l'éloquente plaidoirie, publiée au *Journal,* en 1904, par M. Pierre Louys, celui qui, de tous les vivants, écrit le français avec la plus sûre perfection. Ils admettront les motifs lyriques, exposés par M. Edmond Rostand au *Figaro.* Ils ne poursuivront pas une réforme qui aurait pour résultat de rendre illisible à nos petits-fils Corneille et Châteaubriand,

Voltaire et Stendhal. Déjà, ne regrettons-nous point de voir, autour de nous, les jeunes gens se dégoûter vite de Rabelais et de Montaigne, parce qu'ils épèlent malaisément les textes de ce seizième siècle à la mentalité si prodigieusement féconde ? Veut-on détruire la synthèse du passé et de l'avenir, synthèse qui constitue expressément le génie d'une littérature ?

Ce crime contre la civilisation latine ne sera pas commis.

CHAPITRE XVII-XVIII

L'esprit latin

A l'encontre de l'opinion commune, je suis près de croire que la moralité gallo-romaine ne diminue pas actuellement. Cette recherche tumultueuse de la vérité qui arme l'esprit critique des Français, depuis les erreurs de M. Wilson plaît à l'histoire. Un besoin de justice ou de grandeur excite les partis. Les uns rêvent triomphes et conquêtes, les autres, l'idéal d'une justice élevée par-dessus les vénérations usuelles. Ce sont deux thèses vigoureuses. Ne cessons pas de nous rappeler les querelles de la Convention qui préparèrent le monde à connaître les Droits de l'Homme, en lançant jusqu'à Moscou, les armées coléreuses de la République.

Nul ne doit douter que les autres Etats européens souffrent aussi de tares sociales. Leurs journalistes le dissimulent. Cela ne guérit pas. Dix ans, nous avons pendant l'Affaire dénudé notre corps. Nous continuons d'examiner les abcès et les pustules; nous crions au monde les diagnostics. Autour de la plaie, nos docteurs verveux s'animent, se menacent. Ils veulent amputer ou cautériser. Rassurons-nous. Parce qu'ils ne se leurrent pas sur l'importance de la fièvre, ils sauveront le malade. J'augure plus mal de ceux qui refusent de regarder leurs blessures et disent: « Il n'y a rien », par peur du mépris ou des remèdes. Leur mal augmentera sournoisement. Quelque jour, sous leurs apparences de force et de vertu, le corps tombera en pourriture. Mais alors, nous serons l'Homme Sain.

Déjà se manifestent les indices. A Carthagène et Gaëte Edouard VII prépara la renaissance possible du vaste empire latin, qui réunirait quatre-vingt-cinq millions d'Espagnols, d'Italiens et de Français, en face de soixante-seize millions de Germains. Immédiatement, les gazettes de Francfort, de Cologne, parlèrent d'entente possible entre Duplice et Triplice. On estimerait à tort que les publications quasi-officieuses d'outre-Rhin eussent disserté de la sorte, si leurs inspirateurs croyaient fermement à la décadence de notre nationalité. Au contraire, elles perfectionneraient l'œuvre de dénigrement, prépareraient l'attaque ajournée depuis trente ans pour la-

quelle défie l'Angleterre. Mais, nous sommes redoutables. Notre artillerie qu'on va doubler semble la meilleure. De l'emploi de cette arme
dépendra le sort des batailles futures. Lisons les mémoires de Bismarck. On y apprend
quelle piteuse situation fut celle des troupes allemandes au siège de Paris. Les transports ne
se pouvaient accomplir. L'argent manquait. Tout
un corps entrait à Orléans, les orteils perçant
les bottes. Les soldats grognaient. La discipline
faiblissait. Il eût fallu réaliser le vœu de Rossel
et de Gambetta, résister jusqu'au printemps.
Rien n'était plus à perdre, tout était à regagner.
Dans l'Ouest, au Midi, on reformait des divisions
qui, en mars ou en avril, eussent pu reprendre
victorieusement l'offensive contre un ennemi à
bout de forces. L'hiver cessant de nuire, une
deuxième tentative, analogue à celle des Bourbaki, eût abouti sans doute, dégagé la trouée de
Belfort et ouvert le pays allemand à nos gardes
nationaux. Malgré l'ignorance des chefs habitués à courre contre le Kabyle, malgré l'inertie
de Bazaine, l'incurie du grand état-major, la
résignation lâche de tous les Trochu, l'armement
trop inférieur, le manque d'organisation, il
fallut sept mois pour réduire la France ;

car l'élément civil de la défense nationale avait vivifié la mollesse des généraux. Combien de mois seraient nécessaires, aujourd'hui, les conditions de la lutte étant égalisées; et le contrôle de l'inquiétude publique étant devenu l'efficace aiguillon des impérities? C'est ce que pensent nos adversaires.

Nos arts et nos sciences, l'énorme surproduction intellectuelle de la jeune élite démentent notre prétendue décadence. De toutes parts, on se réveille. M. Doumer a fait de l'Indo-Chine un pays de richesses. Les coloniaux s'évertuent, fondent les ligues, envoient des petits capitalistes en Nouvelle-Calédonie, où le père de famille, possesseur de cinquante mille francs, va pouvoir, en dix années de culture, constituer les fortunes de sa descendance. Les déportés vieillissent en heureux propriétaires. Au Dahomey, l'opulence se multiplie. Saïgon est la plus belle ville de l'Asie.

A la Sorbonne, un jour, M. Bonvalot, fut justement applaudi, lorsqu'il déclara qu'après cent voyages il demeurait convaincu de la suprématie morale française: « Nous avons ici dit-il, de quoi mieux cuisiner que les autres pays.. : » Il avait raison. N'étant pas comme les Germains, les

Saxons ou les Slaves, une nationalité de race
homogène, mais une nationalité faite par cinquante familles diverses que l'idée de justice
unit à l'origine du mouvement communal, des
treizième et quatorzième siècle, pour aboutir à
la Révolution française, nous demeurons les dis-
pensateurs des forces celtes, ibères, gauloises,
phéniciennes, helléniques, romaines, vandales,
gothiques, arabes et franques, mêlées dans notre
réservoir géographique et accordées entre elles
par le plus superbe idéal du Bien social imposé
à l'Europe lors de nos cris en 1792, en 1830,
en 1848, en 1871.

J'ai déjà dit ces choses, je les répète à dessein.
Voilà toute la force des Latins. Elle est formida-
de nature. Elle s'atrophie lorsque la tyrannie
de sectes au pouvoir la négligent pour s'achar-
ner sur des rivaux terrassés. Elle grandit et
domine lorsque sa conscience d'elle-même lui
fait secouer les jougs d'oligarchies autoritai-
res. Il faut qu'elle persévère dans son être comme elle y persévère depuis la chute du président
Grévy. Cela seul peut la rendre belle et redoutable à l'Etranger. N'oublions pas que les principes de la République sont l'intelligence et la vertu. Tâchons de conformer les acteus aux théories.

Aussi ne convient-il pas d'admettre brusquement les anathèmes que certaines gens prononcent avec abondance contre l'enseignement du latin. A la légende des grands stoïques romains nous devons l'esprit de la Révolution française. Les Ney, les Murat, les Augereau, les Bernadotte et les Bonaparte rêvaient de vivre à l'exemple des Scipions, des Cincinnatus, des Marius, des Décius. De ce rêve ils firent l'épopée nationale. Ne négligeons rien de Rome. Enveloppons-nous de la toge des Quirites. Laissons nos fils balbutier sa langue, et lire les distiques de ses poètes, en scandant les dactyles, les spondées, les trochées. Virgile et Sénèque, Pline formèrent les âmes de nos grands citoyens : Montaigne, La Boëtie, Pascal, La Bruyère, Voltaire et Sieyès, leurs fils spirituels. Demeurons forcément des Latins. Reconstituons La Ville. C'est la plus sûre chance de vaincre Vikings et Germains. Veuillons être l'Empire latin d'abord.

Certes, le baccalauréat ne semble pas intangible. Les hasards des examens y paraissent trop fâcheux. Il faut pallier les inconvénients de la méthode. Les moyens abondent. Par exemple, il suffirait qu'à partir de la troisième, chaque composition valût pour le diplôme. Le sujet du

devoir parviendrait du Ministère sous pli ca-
cheté, qui serait ouvert seulement par le professeur au moment de le dicter devant la classe.
Les compositions seraient ensuite envoyées à
des juges universitaires qui les noteraient, puis
retournées au professeur. A la fin des études,
l'élève aurait un dossier à sa lettre du répertoire
général, dossier qui remplacerait les résultats
de l'épreuve écrite. Ce dossier pourrait servir
encore pour les admissions aux écoles. La part
du sort serait amoindrie.

Oui, les programmes sont trop chargés; mais,
en sciences aussi bien qu'en lettres. Pour apprendre comment se forme et tombe la pluie ou
la règle des mouvements planétaires, on abrutit
l'enfant avec trop de mathématiques abstraites. Il ne peut satisfaire sa curiosité sur le mécanisme de la locomotive ni sur les vertus du
télescope, sans qu'une formidable algèbre n'intervienne et le dégoûte. Que d'adolescents aime-
raient les métamorphoses de la chimie si les
épouvantails de la nomenclature et des coeffi-
cients ne les ahurissaient d'abord. L'histoire naturelle enchante. Déception. Il faut user de sa
mémoire pour absorber des classifications inter-
minables, arbitraires. Beaucoup, et tout jeunes,

s'amuseraient à traduire les histoires d'Hérodote, s'il ne fallait avant, sous peine de pensums, rabâcher les conjugaisons des verbes contractés, s'assimiler les différences des dialectes doriens, ioniens, athéniens. A quoi bon les discours, les thèmes grecs, les vers latins, pour le bachelier? Il suffirait qu'il pût traduire les textes commodes d'Homère, de Sophocle, de Quinte-Curce, de Tacite, voire de Lucrèce. Mais, Isocrate, Quintillien, le Cicéron du « De Officiis » ne servent qu'à lui donner de l'ennui. Avec le programme réduit, l'intelligence latine suffirait pour que le citoyen régît ses destinées selon le principe romain de la souveraineté de la Loi.

On a souvent parlé de convoquer une assemblée constituante; on s'aperçoit que le pacte de 1875 visait uniquement à prolonger les institutions monarchiques sous l'étiquette républicaine, à prolonger la souveraineté franque, au détriment de la révolution gallo-romaine.

On a cent fois proposé que les ministres fussent toujours pris en dehors du Parlement. Ainsi, les partis n'auraient plus d'avantages à mettre le ministère en minorité pour lui substituer leurs créatures. Les gouvernants dépendraient moins des députés unis en syndicats divers, et ne promettant leur vote qu'en échange de droits protecteurs, de primes, ou d'arrangements économiques favorables aux particuliers, ruineux pour l'Etat.

L'intelligence étant le principe de la République, la fonction du premier magistrat serait plus logiquement confiée à un membre de l'Institut. Cette compagnies reste ouverte à toutes les classes. Des industriels et des agronomes y figurent. Les artistes, qui ne sont que des ouvriers spécialistes, y sont appelés. Au nombre de ces membres, on a compté des soldats, des marins.

Le recrutement du Sénat devrait appartenir non pas aux municipalités, mais aux classes instruites de la nation : Docteurs, Magistrats, Professeurs. Ils seraient l'expression de la France latine et savante.

Voilà certaines des réformes qui conviendraient à l'esprit romain de la République. Persévérant dans son principe, elle se fortifierait tant que son amitié deviendrait la chose la plus précieuse pour les nations. Peut-être alors verrions-nous cette alliance continentale du pangermanisme, du panslavisme et du panlatinisme qui, solide, assurerait au monde la paix sans conteste.

QUATRIÈME PARTIE

L'éducation et le plaisir

CHAPITRE XIX.

La Science et la Foi sous les oripeaux de la ballerine.

Dans une architecture de lumières nuancées, sous maintes ombrelles épanouies en chrysanthèmes mauves, en chrysanthèmes d'or, en chrysanthèmes pourprés, en chrysanthèmes blancs, de sveltes nudités ballent, filles-fleurs, chatoient, virent, penchent les fruits blonds de leurs gorges grasses. Celles-là sourient par des lèvres écarlates, celles-ci par des regards charbonneux. Les unes dansent, s'agenouillent et se cambrent, les gorges jaillies des corsages. D'autres lèvent les bras et révèlent les creux des aisselles mousseuses ; puis, se redressent et meuvent ensemble les galbes de leurs jambes roses, parmi les tulles agités de leurs corolles multicolores. Toutes défilent en tordant leurs hanches langoureuses, en rythmant les spasmes de leurs pas, et l'œillade ombrée de chapeaux à pétales extravagants. Impersonnelles, graves, toutefois, comme les prêtresses des cultes antiques, pour les dévots du petit théâtre boulevardier aux élégantes tentures de panne bleuâtre. C'est la promesse de joie que donne, par l'intermédiaire du ballet, la capitale des villes, aux adolescents, aux voyageurs des provinces et du monde.

Certes, le spectacle de l'Olympia ne prête à l'attention qu'une fois ou deux, pendant la soirée, et durant un laps assez bref, cette harmonie de suggestions féminines, lumineuses et florales, où se nouent, en un éblouissement, les évocations de la nature, de l'humanité, et des fluides mystérieux qu'asservit la science afin d'illuminer les nuits de luxe. Mais cela mérite qu'on attende, deux heures, l'instant de l'apogée. Au reste, des filles amusantes jouent dans les intervalles, font des mines drôles, sautillent en maillots remplis, et préparent de la sorte la minute du symbole figuratif où s'inscrit, dans les plus jolis signes de la vie humaine, le total des efforts acquis, depuis le bonheur d'admirer une belle plante, jusqu'à celui de réussir à faire méthodiquement étinceler les reflets de la foudre sur des oripeaux et des épidermes.

Les prêtresses des temps anciens servaient des enchantements pareils pour la tentation du néophyte amené dans le sanctuaire pendant les phases de l'examen initiateur. Il fallait d'abord affronter les risques du duel offerts par de redoutables spadassins. Ensuite, on laissait le récipiendaire avec les danseuses sacrées, qui ne se livreraient à lui qu'en échange d'une maxime apprise des hiérodules sous le serment de la tenir secrète. Par les voluptés de leurs attitudes, elles essayaient de séduire sa nature virile. Tout le grisait : le breuvage de la coupe qu'on lui avait tendue, l'odeur des fruits entassés sur les plateaux, la mollesse des parfums que soufflaient les cassolettes, la douceur du tissu canonique coulant autour de ses membres, les sentences des murs invitant à jouir de l'heure plutôt que d'une sagesse inconnue, lointaine, peut-être vaine, sans doute inutile pour triompher des rivaux avec éclat. S'il ne résistait point à l'ivresse des sens exacerbés, de la boisson capiteuse, des parfums subtils, vigoureux jusqu'à éteindre le cerveau, s'il nommait, la voix haute, la mixime secrète confiée par les hiérodules, les prêtresses aussitôt lui livraient les délices de leurs corps. Quelques heures, il goûtait un paroxysme de félicités charnelles; puis, tout à coup, les bayadères le chassaient du temple à coups de fouet, le couvraient de crachats et de cendres. La chance de connaître les mystères de la science et de la philosophie était interdite à jamais, comme celle de gouverner la nation par l'intermédiaire du roi, valet militaire des prêtres. Car, la monarchie orientale fut toujours dépendante des collèges hiératiques ; c'est-à-dire de l'intelligence scientifique dissimulée dans les sanctuaires par une élite étroite, méfiante dans ses admissions, mais très puissante sur l'esprit du vulgaire, grâce aux miracles électriques et à l'emploi des ferments qui empoisonnent les airs avec les eaux, qui répandent la peste, qui terrifient l'imagination des peuples avant de les châtier. Sans doute, lorsque Moïse initié de Memphis, menaça des sept plaies, puis en frappa réellement les Egyptiens, il usa des connaissances en microbiologie que possédaient les serviteurs d'Isis. Aujourd'hui les membres de l'Institut Pasteur, s'ils utilisaient leurs bouillons de culture, pourraient, à leur caprice, propager les épidémies et les épizooties mêmes qui tuèrent tous les premiers-nés des maîtres d'Israël, et qui firent se contaminer leurs troupeaux. Nous ne possédons plus, ou plutôt nous n'avons pas encore reconquis l'art d'attirer facilement l'orage de former la grêle dans les nues ; pourtant, chaque lecteur de publications scientifiques prévoit les méthodes qui conduiraient à de pareilles résurrections du vieux savoir oublié. Les prêtres d'Egypte et de Chaldée, épouvantant les foules, les maintenaient en leur obéissance. Par elles, ils menacaient le prestige du soldat autocrate, s'il voulait désobéir. Eux, semblaient vraiment les frères de la divinité. Ainsi créèrent-ils l'esprit religieux dont les masses demeurent imprégnées, et que redoutent encore les ministres de notre Troisième République, comme le redoutaient les Pharaons.

Telle est l'origine du sentiment clérical, cette admiration peureuse envers le personnage revêtu du sacerdoce. Aux époques de l'hégémonie élamite, de la suprématie chaldéenne, une science très complète, sous les figures de la religion, gouvernait les masses, politiquement soumises à une ignorance profonde, qui croyaient

au miracle et s'abîmaient dan. la terreur au
seul crépitement de l'étincelle électrique sur le
sceptre du mage. Tout prenait l'apparence du
prodige, fût-ce même le jet de l'eau après le fo-
rage d'un puits artésien, dans un pays sec. Les
prédictions des épidémies et leur venue, celle
des éclipses, celles de phénomènes hydrauliques,
l'emploi de certaines forces, aujourd'hui perdues,
et qui servirent probablement à la construction
de la Tour de Babel, des Pyramides, des mo-
numents énormes, une télégraphie sans fil, agis-
sant aux faîtes des tours de Bélus qui surmon-
taient les temples, et permettant aux annoncia-
teurs sacrés de prédire les tempêtes, les invasions, l'arrivée des sauterelles : voilà les miracles
dont les foules s'ébaubirent, durant une centaine
de siècles au moins. Transmis de génération en
génération, et cultivé par des prêtres inférieurs,
non initiés eux-mêmes, cet étonnement devint
un formidable atavisme, dont nulle race jamais
n'ébranla le joug. A une époque, les invasions
barbares triomphèrent de cette organisation. Les
peuples assyro-sémites furent faibles pour défendre leurs collèges de prêtres; et ceux-ci, qui
n'avaient point voulu pourvoir les rois et leurs
troupes d'armes trop efficaces, afin de conser-

ver la domination exclusive, ceux-ci furent dispersés. Spécialistes, ils emportèrent seulement,
chacun, les secrets d'une seule force, fondèrent
des sectes étroites, aussitôt pourchassées, puis,
exterminées par les pouvoirs militaires. Théra-
peutes, prophètes, magiciens, hypnotiseurs, au-
gures, sorciers, alchimistes et astrologues, leurs
disciples n'héritèrent plus que d'un savoir tron-
qué, qui alla s'affaiblissant, tandis que la religion, vidée de sa science, persistait comme un
vase somptueux sans élixir. Néanmoins, puisqu'il fallait aux esprits supérieurs une nourriture
plus substantielle que celle de vagues légendes astronomiques, la religion, de savante se
fit sociale. Elle aboutit à la forme du chris-
tianisme essénien, égalitaire et communiste, dont
saint Bernard réalisa presque totalement l'idéal
de fraternité et de chasteté initiatique dans les
couvents cisterciens.

En chassant de l'Europe occidentale et de l'Asie
Mineure les restes de la civilisation alexan-
drine, cette légataire des sciences memphitiques,
les invasions arabes, mongoles et turques reje-
tèrent en Italie ses protagonistes épars. Dans
les Républiques de la péninsule, ils se retrou-
vèrent, se reconnurent, furent accueillis par les

princes. et. les évêques en qualité d'astrologues, de médecins, d'alchimistes. Ils reconstituèrent, à l'époque de la Renaissance, les groupes intellectuels qui devaient mettre au jour l'esprit de la Réforme, les inductions des Marcile Ficin, des Socius, des Christophe Colomb. Répandus jusqu'au fond du Portugal, ces mystagogues apprirent à Vasco de Gama, la forme des mers indiennes.

A ce moment, il dépendit de peu que l'Eglise romaine récupérât le privilège scientifique propre aux collèges de l'hiératisme égyptien. Le pape Jules II, qui traita l'empereur et les rois comme de simples condottieri au service de Saint Pierre, eut l'âme presque assez vigoureuse pour accomplir l'œuvre de restaurer l'ancienne omnipotence du sacerdoce. Dans sa brillante et ferme étude sur Laurent de Médicis, M. André Lebey, encore qu'il soit partial en faveur de son héros, démontre péremptoirement la superbe fécondité mentale de l'élite florentine qui prépara l'éducation de Léon X, fils du Magnifique. Quelle que fût sa remarquable intelligence, ce nouveau pontife, embarrassé d'une lourde politique militaire, mourut trop jeune aussi pour avoir pu terminer la tâche du prédécesseur. Tâche poursuivie sans faute, cependant, car, autour de Rome, prospérait alors l'esprit suscitant les vigueurs géniales de l'Arioste, du Vinci, de Michel-Ange, de Machiavel et du Corrège. En vain, Adrien VI, Clément VII s'efforcent de même. Paul III va succéder qui, tout halluciné par sa lutte contre le schisme d'Angleterre, convoquera le Concile de Trente, où l'étroitesse de la logique catéchiste renforcera les pouvoirs de l'Inquisition, récemment établie à Naples, déjà trop dotée par le Concile de Latran. On livrera la science aux rages orgueilleuses des évêques, incapables d'admettre la supériorité de la création mentale, mais assez nombreux pour résister au protestantisme envahissant. Paul IV fut le pape des Inquisiteurs. La scission entre la Science et la Foi se consomma. Dès 1692, Galilée sera condamné. La mort de Clément VII avait été celle du grand espoir pontifical qui, réalisé, eût fondé, dans l'Occident, le cosmopolitisme catholique, l'eût appuyé sur une langue universelle, le latin, et l'eût dirigé par un collège de cardinaux, artistes, astronomes, mathématiciens, littérateurs.

Choisissant cette époque comme décor propice à la méditation du docteur Faust, Gœthe, épris de Rome qu'il habita, songeait certainement à cette épopée d'idées en luttes sous le trône de saint Pierre, depuis le quinzième jusqu'au dix-septième siècle. La Science et la Foi, Faust et Marguerite tentent l'amour universel. Méphistophélès ricane; et tout sombre. L'enfant de cette passion ne peut survivre, parmi les luttes basses des appétits. Quelle raison plus humble, en effet, pour diviser l'Eglise anglicane et l'Eglise romaine que le triste instinct d'Henri VIII. Voulant épouser Anne de Boleyn, et, pour cela divorcer avec Catherine d'Aragon, il se nomme lui-même chef de l'Eglise, afin de prononcer le divorce interdit par les canons romains. Il a suffi qu'une fille licencieuse prêtat son corps au goût du roi d'Angleterre pour que les papes, épouvantés du schisme survenu, abandonnassent le rêve de recréer la puissance hiératique et livrassent l'Eglise à la horde hargneuse et bête des moines inquisiteurs.

Sourire d'Anne de Boleyn. Ricanement de Méphistophélès. Et tout changea dans le monde, tout retomba dans l'obscur, parce qu'un souverain avait été faible devant un caprice de courtisane.

Ainsi songe-t-on en admirant à l'Olympia ces

soirs de neige, telle superbe mime qui, dans le collant écarlate de Méphistophélès, mène Faust parmi les filles-fleurs du ballet des chrysanthèmes. Haute, le masque un peu tragique sous les arcs noirs des sourcils, la forme de la mime est un signe pur, un rouge hiéroglyphe de dérision. Il semble qu'elle marque, à chaque pas scandé de ses fortes et sveltes jambes, tout le dédain de l'Univers à l'égard de l'effort des hommes. Elle prête à l'ironie des Lois naturelles la splendeur de son apparence. Isis palpite dans le pourpoint du diable. Un souffle amoureux enfle la gorge blonde entrevue à l'entaille des crevés. Véritablement au centre de ce ballet naïf et sans apprêts, qui réunit, durant quelques secondes, une harmonie de fleurs, de femmes et de lumières, l'antique miracle d'Aphrodite apparaît sous la vêture de Méphistophélès. Le monde ancien et le monde de la Renaissance ricanent dans la splendeur ironique du même visage, que leur prête l'actrice, ignorante de ses prestiges doublés, et riches en suggestions. Ce n'est qu'un instant, peut-être, mais un instant d'émotion mentale au paroxysme.

CHAPITRE XX.

L'éducation au théâtre.

Au siège d'un vélocipède azuré, l'héroïne de l'opérette se tient immobile, ou presque, cependant qu'elle chante telles rimes de pont-Neuf, et des allusions politiques. Tantôt le cycle tourne habilement sur l'étroite scène du petit théâtre ; tantôt il disparaît dans la coulisse pour laisser, devant les bravos, l'interprète svelte et bleue. Le bras nu, par des gestes clairs, aide la malice du couplet. Gantée d'un maillot pers, la femme s'élance avec le rire d'une note.

L'âme gamine de Paris pépie là, moquant, au cours d'anachronismes cocasses, les ancêtres des croisades, les ancêtres de ce public de Montmartre, qui porte l'ironie à tous ses visages, jeunes, maigres, pâles ou gras, craquelés par l'usage abusif des alcools.

Qu'au soir nuptial deux jeunes couples soient divisés par l'ordre royal enjoignant le départ immédiat des vassaux appelés à la guerre sainte ; que les petites épouses, jointes à leur

tante, suivent, travesties, malgré les défenses et
les ceintures de chasteté, leurs maris au camp,
que ceux-ci les y prennent pour des ribaudes
et des saltimbanques, les lutinent durant maint
et maint quiproquo; cela excite l'imagination du
dîneur entré là dans l'intention d'y savourer
encore de la sensualité gustative. Cela le ravit
de voir les pieux croisés, devenus ridicules, im-
puissants et cocus, parler l'argot du bar. Des
leçons et des pensums il se venge. Des rois
et des héros il salue la petitesse amie, les em-
barras sexuels, les vices minuscules qui font
sa vie propre. Il les identifie avec soi-même, en
dépit des légendes, des annales, des poèmes, des
béatifications. Le sens égalitaire du peuple paraît là dans son âme vraie, celle de la nation
totale et unie. Il n'a rien oublié de ses jalou-
sies écolières. Enfant, il haïssait déjà ces figures
solennelles qui, revendiquant leurs vertus che-
valeresques, l'obsédaient de leurs exploits dignes d'être sus, entre les dates.

Le dîneur n'a point changé d'âme, malgré la
barbe et les amantes. Il compte toujours, et
sans plus, ses douze ans espiègles. Peu de gens,
on le sait, dépassent l'âge mental de la première
adolescence. La plupart, nous restons des en-

fants dont le physique seul se développa. Beaucoup possèdent éternellement l'optimisme puéril qui oblige à se croire un invincible triomphateur, à prêter aux émotions défendues de l'amour un prestige sournois et maître, à continuer, devant notre poker, le jeu de billes et la satisfaction de s'annoncer enrichi au moyen de dépouilles immédiatement conquises sur autrui, sinon par le fer, du moins par la chance. Ce qui bafoue les leçons, ennemies de nos ébats, au collège, nous restitue la liesse des congés.

C'est la raison du succès, qui accueille toujours les pièces à calembours et à filles nues. J'avoue que je les préfère à 'toutes les autres. Si je m'intéresse mal aux cabrioles et aux à-peu-près, je suis étrangement ébloui, en revanche, par un défilé de créatures plastiques, nuancées selon les vertus d'un art incontestable. Le maître de ballet m'en impose autant que le peintre. Chacune des figurantes, placée en son lieu dans la polychromie du décor, me réjouit autant que la tache de chrome ou de cobalt harmonieusement fixée par le pinceau. En outre, le dessin des formes humaines, divers et vivant grâce à ses défauts même, anime les tons qui chatoient. **Le mouvement se marie aux lignes et aux tons.**

Tout vibre. Les tailles se cambrent dans les plis dorés des satins. Une femme renversée aux bras du valseur laisse paraître, tels les pistils secrets d'une corolle, les pointes mauves de jolis seins qui reglissent dans la cuirasse de soie, pendant qu'elle se redresse languissamment. Nul sculpteur, nul peintre ne produira mieux que ce geste d'un jeune corps. Leur art fixe immobilise. Le maître de ballet joint à leur science des formes et des couleurs, celle du mouvement continu.

En outre, ces sortes de représentations marient très étroitement ceux de la salle et ceux de la scène. Peu d'ennui vient ternir les figures. Toutes les âmes sont aux fenêtres des visages ouverts par la joie ou le bégaiement muet du désir. L'assistance halète entière, se tend, s'élance de toute sa force vers les mimes.

La sagesse n'est-elle pas de querir une meilleure somme de science dans les amusettes mê mes? Par hypocrisie, nous déclamons en faveur du théâtre littéraire. Nous jugeant intellectuels, ainsi nous pêchons contre la sincérité. Car les interprètes d'une revue, d'un vaudeville et d'une opérette ne gâtent rien du sujet qu'ils personnifient. La grâce des filles, les sauts des clowns,

les masques du comique ajoutent à la valeur
du texte, qui n'est qu'un subterfuge pour les
réunir. Au contraire, si nous lisons Shakespeare,
Racine, Gœthe, Ibsen, Becque notre émotion de
pensée est autrement puissante qu'au soir où le
tragédien nous récite leurs idées. L'éducation
du Conservatoire donne de pitoyables résultats.
L'éducation de la scène guidée par le goût barbare de la bourgeoisie, avilit les qualités naturelles des comédiens. Désireux de plaire plutôt
que de traduire noblement et intégralement la
pensée des créateurs, les interprètes des grandes
œuvres les abîment à chaque phrase de leur
déclamation. Ce fut un supplice que de voir
et d'entendre la « Parisienne » incomprise par
Mademoiselle Reichenberg. Ces gens-là peuvent servir tel Augier ou tel Pailleron, dont
les sottises écrites en charabia ne sont pas d'une
littérature supérieure aux tumultueuses pièces
de Cluny. La prétention ne constitue pas le mérite, même si cette prétention est admise par
le succès obtenu devant les hypocrisies lar-
moyantes de la digestion parisienne. Les chefs-
d'œuvre ne supportent pas d'être interprétés par
la technique uniforme de nos comédiens actuels.
Exception faite pour Raphaël, Duflos qui brille

intensément dans les caprices de Marianne pour Mounet-Sully, qui restitua le caractère d' « Œdipe », pour Antoine qui montra les forces de la vérité héroïque, pour Sarah Bernhardt qui eut les instants réels d'Hamlet, nos tragédiens et comédiens ignorent les rudiments de l'art nécessaire à faire adorer Faust, Lear, Prométhée, Hermione, les « Corbeaux ». La preuve en est qu'en aucun temps ils ne réussirent à cela. Par la faute de leur maladresse, notre ourgeoisie ne chérit pas ces protagonistes impérissables de la mentalité humaine. Elle leur préfère les plaidoyers de Dumas et des imitateurs, toutes les avocasseries pitoyables transportées depuis le tribunal jusqu'au trou du souffleur, afin d'offrir quelques raisons d'estimer le mensonge sentimental et de se dérober au devoir de loyauté sensible.

Au contraire, l'acteur des revues, augmente les efforts de l'œuvre par son humble besogne.

Quand une divette surgit, fine et bleue sur la scène, elle éveille plus d'idées élégantes et spirituelles dans les âmes de son public que telle reine de la vedette n'en suscite, aux tréteaux du boulevard, dans les intelligences bachelières, réunies pour l'audition d'une comédie

de mœurs où ratiocine sans grâce ni spéciale nouveauté, le trop banal fantôme de l'adultère. S'a-
dressant à une collectivité d'élite, cette héroïne
devrait lui servir des jeux qui accroîtraient les
chances de s'éduquer? Il n'en est rien. Les ac-
trices choisissent elles-mêmes leurs pièces, les
amputent, les allongent, les ravaudent, les rape-
tissent à la mesure de leur pauvre ambition pé-
cuniaire et vaniteuse, sans le moindre souci
d'art. Loin d'élever les âmes en insinuant de la
grandeur à la comédie, elles les abaissent en ag-
gravant l'ignominie des textes par la trivialité de
leur mimique.

Le Montmartrois sortant de son petit théâtre
emporte la vision esthétique de jolies statues
aux mouvements rythmés et colorés, aux mille
forces heureuses et qui peuplent le musée de
sa mémoire, fresques capables de lui fournir
les types de la beauté. Quittant les somptueux
tréteaux du boulevard, le soupeur rentre chez
lui, plus mauvais et plus bas, soupçonneux envers tous et méditant de sales ruses pareilles à
celles que la comédie lui conseille. Le commis
des Batignolles reparlera demain de son âme
gamine apparue alertement, l'autre soir, dans
un maillot étroit. Il se voudra tel que la race,

égalitaire, gouailleuse, svelte et pamphlétaire, étourdie, enthousiaste, instinctive, à la mode des zouaves qui firent les mots du bivouac célèbres sous le Second Empire. Il se chérira plus confiant; il n'affirmera point la ridicule prétention d'avoir participé à une messe d'art, alors qu'il s'en assimile inconsciemment beaucoup.

Sûr de sa finesse, de celle de l'auteur, de la comédienne, le boulevardier accorde à des élucubrations sottement déformées une importance indue. Il croit à la littérature et à la morale profonde de pauvres ironies très médiocres. Il en pare l'égoïsme serein de ses vices. Ce pendant, il continue d'ignorer les chefs-d'œuvre que la seule lecture peut faire nourriciers. Aux spectateurs de l'opérette ou de la revue, il reste un souvenir de splendeur plastique. Aux auditeurs de la comédie, il reste une erreur de vanité corrompue, il reste une prétention fausse à la connaissance de l'art.

L'œuvre du café-concert ou du petit théâtre semblera donc plus apte à grandir les esprits que celle de nos scènes littéraires. Croyez à plus d'art dans la pièce des Variétés que dans celle du Vaudeville ou du Gymnase. Fuyons les thèses bébêtes et surannées que dégoisent tant

de cabotines psychologues qui eurent le soin
préalable d'exprimer de leur rôle, sous prétexte
de « longueur », les seules idées hautes timidement introduites. Applaudissons les succès des
revues à femmes. Elles accroissent mieux la fortune de nos esprits que les conférences dialo-
guées des scènes historiques.

Nous eûmes tort, jadis, de blâmer la vogue
des opérettes et des revues. Cela valait bien
la médiocrité de la Comédie de mœurs à quoi
s'acharnent les imitateurs de Dumas. Comme
le public a raison d'applaudir quatre cent fois
« Miss Hélyett », ou la « Dame de chez Maxim » !
Il n'y a que ce plaisir qui vaille l'immobilité
dans un fauteuil de spectacle, puisqu'on se refuse à nous faire chérir le second « Faust »,
« Andromaque », « Coriolan », les « Corbeaux »,
« La Nouvelle Idole », le « Roi Lear », « Monsieur Betzy », « La Tante Léontine ». Complé-
tons notre intelligence par l'usage de nos yeux
ravis, si l'impéritie de nos tragédiens nous défend d'entendre la pensée des chefs-d'œuvre.

Le théâtre doit être cependant le collège des
adultes pour l'accroissement de leur mentalité.

CHAPITRE XXI.

Le Problème dramatique

Sophocle, Eschyle, Ibsen, Gœthe, un Shakespeare exempt de versification française, parlent-ils, les spectateurs souffrent de ce hasard. Cela m'afflige.

Donc les pièces munies de valeur intellectuelle sont abîmées par la maladresse des interprètes, peu capables, en général, de les traduire au public. Exprimées rapidement sur la scène, les idées ne laissent pas le temps d'y réfléchir. Je souhaite alors un livre où le drame pourrait être lu très attentivement, relu, sans qu'un personnage hâtif intervienne et trouble mon esprit parce que le rideau doit tomber avant le départ du dernier omnibus.

Mais devant la comédie d'adultère courant, ma voisine rit, larmoie, palpite. Les yeux ardents, elle s'intéresse aux toilettes que les couturiers exposent sur des mannequins déclamateurs. La voici qui va connaître la manière dont il convient de porter l'éventail et de meubler le boudoir. Mon voisin regarde s'amuser les hommes, toujours riches de la grande comédie, eux qui ne reculent pas au moins devant les dépenses du vice magnifique. L'un et l'autre acquièrent là des excuses pour le péché qu'ils convoitent. De plus, voici personnifié ce que les gazettes narrent à mots couverts, en citant de seules initiales, ce que révèlent de turbulents procès, le fait divers tragique, ce que racontent la concierge, l'épicière et la dame qui reçoit le mardi. Tout s'anime sur les visages. Ne pouvant vivre que de rares minutes ces existences somptueuses, passionnées, les couples se contentent de voir. Madame s'excite. Monsieur regrette. Madame envie. Monsieur calcule et se résigne. A la joie du premier instant, succède une souffrance évidente qui navre. Et la présence de cette douleur aux visages du public suffirait à m'écarter du théâtre, si l'incommodité tortionnaire des sièges n'y avait d'abord réussi.

On se demande quel bourreau inventa l'affreuse étroitesse des loges, cette position des chaises, entre lesquelles il ne reste aucune place pour les tibias, ces cloisons rouges qui ne permettent que rarement d'entrevoir la mimique des acteurs, entre les coiffures des dames exhibées au bord de la loge et le nez du vieillard tousseur. Aux fauteuils d'orchestre les retardataires vous piétinent, vous choquent du ventre, vous enfoncent du coude, vous bouchent la perspective dès l'instant même où les protagonistes de l'action récitent les mots qui informent de l'essentiel. Derrière, la spectatrice étale son programme contre votre faux-col. Devant s'érigent les chevelures et les jardins des chapeaux, le parfum voisin vous rappelle les cold-creams fondants d'une amie trop épaisse.

Un coude pointu vous creuse, à gauche. La jeune provinciale demande sans cesse au bon oncle, ce que l'amoureux vient d'exprimer et qu'elle n'a pas entendu. La poudre des parquets échappée à l'eau d'arrosage peuple narines et poumons, de microbes irritants. La gêne physique demeure extrême. Et le sens de ma peine propre s'ajoute à celui des rancœurs endurées par mes voisins.

Suis-je à l'Opéra, ces deux souffrances se compliquent d'une troisième.

Obèse et suant, le ténor, devant moi, enfle les veines de son front. Ses cordages vocaux grossissent dans son cou. Il tient à deux mains les soubresauts de sa poitrine. Ses yeux s'injectent. Sa bouche se tord de côté, sur la denture, Le fard craque autour de ses yeux. A pousser les notes difficiles, il va, semble-t-il, se rompre le larynx. Anxieux, moi-même, j'assiste à cette angoisse. Je redoute la seconde au bout de laquelle Roméo va chanceler, du sang plein la bouche, et tomber, grenouille énorme au ventre débordant les chausses gris-perle. La cantatrice, pour sa roulade, assume l'attitude de toute jeune personne qui se gargarise sous le davier de l'opérateur, après l'arrachement d'une molaire. Hurlant d'amour, ils m'offrent l'image de deux suppliciés qu'un invisible tortionnaire tenaille, afin que leur cri signale pour moi l'horreur très savante de son art. Mais, partout, l'effort de ses cuivres, l'éclat des cymbales, les tonnerres du tambour, la rage des violons, un orchestre affolé s'évertue, qui couvre la voix des patients. Ceux-ci redoublent de contorsions buccales. En vain, ils aboient, croassent, mugissent et barrissent. L'orchestre tient bon. Les flûtes sifflent, les trombones pétaradent, les tim-

bales retentissent ; et le chef épileptique triomphe en assénant mille coups de bâton dans l'air,
ébranlé. A la fin, le public s'apitoie. Par une
salve de bravos, il termine la hideur du duel
entre ces deux faibles cris et le fracas triom-
phant de la musique.

Les chanteurs sont toujours vaincus, malgré
qu'ils en imposent, venant saluer les applaudis-
seurs, comme si, en réalité, quelqu'un eût pu
discerner leurs phrases dans le charivari. Depuis ma tendre enfance, j'essayai d'y parvenir
au moment de l'opéra où tous les bruits
exaltés communiquent un enthousiasme barbare
à la foule. Jamais il ne me fut permis de comprendre. Je m'y résigne, n'étant pas le seul. Dans
Madame Bovary, Flaubert, dans la Guerre et
la Paix, Tolstoï, montrèrent leur peu de goût
pour l'opéra. Toute distance gardée, je connus les mêmes sensations que ces maîtres rela-
tèrent.

Cependant, lorsque MM. Colonne et Lamou-
reux entreprenaient leurs concerts du dimanche
la joie brève me fut offerte d'écouter une musique libérée de l'abominable concurrence des
voix humaines. Mon plaisir ne dura point. Vite,
un monsieur en habit noir, se vint planter sur

l'estrade du chef d'orchestre et nous infligea
ses « Ich liebe! » en renouvelant la même apparence de supplicié, tandis qu'une dame riva-
lisait d'angoisse avec lui. Je dus renoncer à
l'agrément des concerts. Il n'en existe plus
où la déplaisante exhibition des chanteurs soit
épargnée. Je sais bien que les dilettanti me plain-
dront. La voix humaine est un instrument comme le hautbois, les timbales, et qui fait, dans
l'ensemble sa partie. Soit. Mais, alors que ne
cache-t-on derrière un rideau les victimes du
tortionnaire invisible ? Et quel plaisir peut-on
éprouver à considérer la souffrance de ces malheureux?

Il n'en est pas moins vrai qu'elle attire. La
mode veut que l'on paye cher le plaisir du théâtre. En son honneur chacun subit l'atroce position du monsieur encastré dans une loge, les
rotules sciées par les barreaux postérieurs d'un
siège, les hanches étreintes par des accoudoirs
et qui n'ose bouger en peur de rebrousser la
soie lisse de son chapeau contre un coude, une
canne.

Puisque l'on ne se rend pas au théâtre dans
le but d'accroître son esprit, puisque toute pièce
intelligente est vouée d'abord à l'insuccès, puis-

que le théâtre n'est qu'une manière de salon public, où l'on digère, il importerait qu'on s'y trouvât tout à l'aise. Nenni, sur ce point, le nouvel Opéra-Comique réserve de pires déboires aux jeunes filles en quête de maris, aux coureurs de dots et aux entremetteuses.

Quelles satisfactions justifient donc l'engouement public pour le théâtre. Tout y manque : la commodité d'y paraître et la nouveauté des fables qu'on représente. Depuis cinquante ans, les mêmes adultères s'y répètent et les mêmes quiproquos des vaudevilles jaillissent des mêmes armoires. Notre esprit a connu cependant l'âme d'Ibsen et de Becque, de Mirbeau « La Course du Flambeau », « La Fille sauvage » de Curel, et d'autre part, l'adorable M. Betzy de Paul Alexis, « la Tante Léontine » de Boniface. Par malheur, ces chefs-d'œuvre aptes seuls à fortifier l'intelligence, sont joués rarement. Dénués de moyens, les acteurs ne surent pas les imposer.

Evidemment l'instruction donnée au Conservatoire semble pitoyable. Les jeunes gens qui sortent de là et qui devraient être capables de créer eux-mêmes des personnages, savent mal presque rien : la répétition du geste de Mlle Mars, l'inflexion de voix de Coquelin ou de Talbot.

Le Mécène manque qui établirait, aux environs de Paris, un collège de comédiens, de ballerines et de chanteurs, qui construirait, dans un domaine, le théâtre où les chefs-d'œuvre seraient intégralement représentés. Le public populaire y payerait, le dimanche, deux francs la place, et un peu plus, trois fois la semaine, pour les représentations de gala.

On passerait un an ou deux à répéter une pièce. On parviendrait sûrement par le multiple effort de la plastique, de la mimique, de la littérature, à exprimer le génie parfait de chaque époque. Ce ne serait plus un poète qui parlerait, des acteurs qui joueraient l'amour et la haine, mais une race qui se révèlerait par ses archétypes reconstitués avec tous leurs atavismes et leurs tendances.

Le décor serait dû aux peintres dont l'art aima les temps à reconstituer sur la scène. Puvis de Chavannes eût rétabli le monde qui suggéra la pensée d'Eschyle.

Ce théâtre serait celui du Peuple, et j'estime qu'une seule représentation de cet ordre arracherait plus d'hommes aux basses habitudes que mille sermons de prêtres ou mille discours parlementaires.

Le théâtre a cet avantage sur les autres manifestations de l'art, qu'il les comprend toutes. On y récite de la littérature ; on exécute de la musique ; le décor résulte d'une collaboration entre le sculpteur, le peintre et le physicien des lumières. C'est donc l'expression de l'Art Intégral. Jusqu'à ce jour, il ne fut qu'un moyen piteux d'amuser. Il lui faut devenir ce qu'il était chez les Grecs, ce qu'il est, par Wagner, en Allemagne, et par Ibsen, au Septentrion : un moyen de faire penser.

Cet art-là remplacerait vite les religions qui agonisent. Dieu deviendrait la Beauté ; c'est-à-dire, Lui-même aperçu à travers les transparences de la nature et des énergies humaines qui se conçoivent, ainsi que l'Ensemble des Forces.

Il faudrait que ce théâtre fût élevé au milieu des bois environnants la capitale, que le mystère de l'ombre protégeât son fronton, que les arts pussent concourir à résumer, en son architecture, les symboles de toutes les connaissances.

Sur la scène, des prêtresses et des officiants se coordonneraient. Aussi les processions accompliraient les sacrifices de tous les cultes anciens. Dans une nef, les vieilles divinités auraient cha-

cune son autel; car les religions furent les premiers drames des peuples, les drames qui con-
taient la lutte de l'homme contre la peur des éléments, sa gratitude pour les tueurs de fauves,
sa dévotion au soleil, sa passion de vivre.

Surtout, se formerait là une école mentale
de tragédiens qu'on exercerait à l'intelligence
aussi bien qu'au geste, à la voix et aux habiletés
particulières du métier. On ne les destinerait plus
à servir de grimaces amusantes, mais à instruire
par l'emploi savant et simultané de tous les arts,
métaphores des philosophies.

Trop souvent l'article dramatique se borne
au compte-rendu et à la discussion des idées
d'auteurs. En l'état présent de notre drame, cette
importance attribuée au signataire de la pièce
est excessive, les directeurs ne montant jamais,
ou presque jamais, d'œuvre qui vaille une dissertation. La six mille sept cent soixante-dixième
posture d'adultère que l'on nous présentera demain ne la méritera point davantage. Les vrais
hommes de théâtre, pour le goût actuel du public, sont ceux qui, à l'exemple des Dumas, bâ-
clent en manches de chemise, pendant un entr'-
acte, le tiers de la pièce à remanier. On n'a
donc guère de prétexte pour s'occuper des au-

teurs. Au contraire, il semblerait profitable de morigéner les interprètes et d'améliorer par une guerre constante leurs dispositions, puisque, seuls, ils ont l'importance de créer des émotions, grâce à leurs attitudes et non grâce aux paroles. Une artiste comme Sarah Bernhardt suffira, par ses trouvailles de beauté plastique, et de voix pensante, à nous faire oublier la sottise d'une pièce ordinaire, à effacer complètement cette imperfection derrière la féérie de sa présence. Ce sont des qualités telles que les critiques devraient découvrir en germe chez les interprètes, afin de leur en conseiller le développement et de leur en corriger les défauts.

Au lieu de dire, par exemple: « Monsieur le comte des Sablons aime une autre femme que la sienne, celle-ci en souffre, et, pour se venger de sa douleur, le trompe avec un assidu, M. de la Martinière, etc. »; le critique devrait nous renseigner ainsi : « Mlle Une telle, qui remplit le rôle de la jalouse, a une belle attitude au premier acte, dans la scène d'exposition. Le corps vit souplement en une robe mauve, très simple. Merveilleuse quand elle exprime l'accès de rage succédant à la scène conjugale, ses attitudes rappellent celles des damnées que Michel-Ange évoqua dans le Jugement dernier. Cependant, Mlle Une telle ne met pas à la lumière toute la partie gauche de son visage; et ses mouvements de physionomie gagneraient à être plus éclairés...» Car nous savons depuis l'enfance ce que peut être une scène de jalousie, tandis que nous fûmes toujours mal avertis de goûter les joies que peuvent valoir les formes habilement présentées par un corps humain.

La critique devrait nous faire comprendre ce genre d'excellence, et s'occuper davantage de la plasticité. De la sorte elle habituerait doucement les acteurs au souci de paraître en beauté, si les pièces, de par l'impertinence des directeurs et du public, continuent à décevoir quiconque ne se rend pas au théâtre afin de digérer sur une ritournelle sentimentale.

Ainsi préparerait-on pour le théâtre du Peuple, des interprètes favorables, et, pour l'esprit des Français, une série de leçons esthétiques bien nécessaires.

CINQUIÈME PARTIE

Le nouveau devoir Latin

CHAPITRE XXII.

Les Exemples.

Malgré les désillusions, chaque jour accrues par l'étonnante pusillanimité de nos politiques, si tant de confiance nous demeure dans la vieille énergie latine, seuls nous la conservent les héros pareils à ceux du Maroc, au commandant Marchand, au capitaine d'Olonne, au commandant Lenfant.

L'éducation du stoïcisme romain, contre laquelle s'élèvent à tort beaucoup d'esprits remarquables, nous légua le courage de l'orgueil intérieur. Il peut nous valoir encore tout un élan glorieux dans l'histoire.

J'excepte du mot « courage », le sens d'une ivresse qui rend le barbare sûr de son excellence, qui l'aveugle devant les obstacles, qui naît de la colère et de la vanité la plus misérable, qui se rue sans discerner, avec l'instinct du meurtre. Celui-là, n'importe quel nègre soudanais le possède. Les Derviches surent en donner un exemple à Omdurman par le sacrifice de treize mille des leurs aux dieux savants de l'artillerie et de la 'mousqueterie britanniques. C'est une faculté animale: le désir de la proie, l'obscur souvenir de l'anthropophagie nécessaire, au temps des hordes, et que l'on affuble de prétextes.

Le héros que j'aime emploie une vertu meilleure. Il la puise dans la raison. Au moment d'agir, ses genoux peut-être s'entrechoqueront de terreur, ses mains seront remplies d'une sueur froide, ses bras seront tout à coup faibles. L'esprit, cependant, matera la peur de la chair; et des exploits s'accompliront. A la vaillance du cavalier qui, théâtralement, dans le tumulte de la charge et la démence de mille hommes étourdis par l'odeur de poudre, se précipite, avide de tuer, je préfère l'âpre obstination des explorateurs.

Par la nuit fiévreuse des forêts tropicales ou les sables tièdes du désert, celui-ci calcule la position des étoiles. Il marche à la découverte du pays inconnu. Presque seul, au milieu de soldats nègres, dont la trahison peut à tout instant le faire périr, il avance pour l'espoir d'offrir à l'activité du monde un sol riche. « Ici, dit-il, et plus tard, s'élèvera, quand je serai une poussière oubliée, la ville où l'on aimera, où l'on pensera. Des hommes se partageront les fruits. L'aise réjouira les familles. De cette terre fangeuse, les plantes succulentes auront émergé. Les lumières des machines éclaireront les couleurs heureuses des édifices. Des bateaux chargés de musiciens et d'amants, se balanceront entre les quais de ce fleuve dont moi, je ne trouverai sans doute, jamais la source. Car, je suis bien faible, déjà. Le manque de sel rend trop fade ma nourriture. Les dartres rongent mes sourcils, ma barbe et mes cheveux. La plaie de ma jambe ne **se** ferme point. Un ulcère dévore lentement le foie du Prométhée dérisoire que je suis, tentant de dérober à l'Inconnu la nouvelle lueur de science. Depuis des saisons, la sueur inonde mes membres amaigris, sans que je puisse me désaltérer avec l'eau tiède et saumâtre. Ces barbares guettent la minute où je tomberai pour dévêtir mon agonie, à moins qu'ils ne la provo-

20.

quent en me frappant par derrière. Je sens les yeux convoiter mon héritage d'armes et de ballots. La mort marche dans mon ombre courte. Et c'est pour eux, cependant, pour leurs fils, que je souffre entre les épines. De ces ruminants je songe à faire des hommes qui sauront goûter le mystère des livres, les subtilités de l'amour, les enthousiasmes de la fraternité, la fièvre des travaux savants. Ici, brillera la cité de ces joies. Elle ne portera même point mon nom. Cependant, je suis heureux d'admirer ce bonheur futur que mon effort entreprend de créer. J'imagine les moissons innombrables qui sortiront de cette contrée déserte, qui nourriront gratuitement les peuples aujourd'hui pauvres et abêtis par les labeurs industriels dans les capitales d'Europe. J'agrandis le monde en foulant ces cailloux qui réfléchissent le dur soleil ennemi de mes yeux malades. »

Cette persévérance est longue. La peine physique ne cesse point. Souvent, il faut abandonner, à mi-chemin, la croyance d'atteindre le but Les porteurs se sont enfuis avec les munitions, les vivres et les marchandises d'échange. Un à un, les compagnons européens se sont couchés dans le sable des plaines, dans la fange des

marais, dans les buissons des forêts obscures.
Ils ne se sont plus relevés. Tant de souffrances
furent inutiles. Il faut revenir en arrière.
Les tribus amies, lors du premier passage de l'expédition, se font soudain hostiles,
prêtes à piller le triste bagage que traînent les
laptos fidèles, anémiés par leur mal. Au cas
de la réussite, peu de choses récompensent.
Le moindre braillard de la politique, le plus
ridicule fabricant d'opérettes, intéressent davantage, le peuple, les femmes, l'Etat.

Telle de ces marches héroïques dure dix-huit
mois. Dix-huit mois de stoïques efforts pour ne
pas écouter la douleur, ni le découragement,
pour entretenir la confiance de la troupe, pour
résister à la pénible solitude de l'esprit entouré
d'âmes niaises et bestiales.

Après de pareilles épreuves, le commandant
Marchand parvint, un jour, dans la région du
Haut-Nil. Il y planta le drapeau, coupant net
la ligne idéale que les gens du Foreign-Office
traçaient entre Alexandrie et le Cap, ligne ja-
lonnée de leurs postes, de leurs comptoirs, cor-
deau de leurs futurs railways, pour les richesses dues à leur activité merveilleuse. Notre compatriote se trouvait, dans Fachoda, à la tête de

deux centaines d'hommes environ, contre plusieurs milliers d'Anglo-Egyptiens.

Prévoyait-il ce qui arriva : l'esprit latin, humilié par les races saxonnes, après l'avoir été par les races germaniques. L'esprit latin, devenu timide et couard, en proie à l'ivresse bruyante de ceux qui refusent, depuis trente-huit ans, toute gloire différente de celle hurlée dans les estaminets, dans les salles de réunion, au Parlement ; ceux qui haïssent prudemment les périls de la Révolution tout en criant à tue-tête leur dévotion à la violence ; ceux qui n'ont point la loyauté de reconnaître leur désir sincère d'une lâcheté définitive.

Je plains la belle erreur des héros. Ils ont souffert en vain pour une hypocrisie politique. Incapables d'assumer une responsabilité, nos maîtres n'encourront jamais les chances de la bataille.

A la première menace de guerre, notre Parlement perdra le Maroc, comme il perdit l'Egypte, comme les généraux du second Empire, perdirent l'Alsace-Lorraine. On envoie les héros à la honte de la défaite ; pourquoi préparer à ces vaillants les douleurs morales après les douleurs physiques ?

Sans doute, ils savaient cela d'abord ; ils savaient, avant le départ, combien l'effort serait inutile et dépourvu de résultat. Ils l'ont cependant accompli, heureux d'être, pour leur conscience, ceux-là. Au retour, ils ne trouveront parmi nous ni les enthousiasmes qui saluent le coureur Jacquelin, ni le million de Mlle Yvette Guilbert. Afin de s'éduquer l'âme, notre peuple a d'autres admirations. Mais ils auront vécu leur rêve de poète, c'est-à-dire, de créateur.

Quel courage plus magnifique encore est celui des poètes malheureux, celui dont Stéphane Mallarmé donna l'exemple ! Ecrivain, savant, il eût pu, par des histoires sur le cœur des femmes adultères, se saisir de la faveur publique, de l'argent, de la renommée.

Autour de lui, ses amis ont triomphé, les uns par l'art, les autres par le mensonge de l'art. Il eut lui le culte de la pensée au point d'y sacrifier tout bonheur. Analysant à l'extrême la force des mots, il concentra sous chacun le plus d'expression par le travail d'un esprit généralisateur que nul ne put égaler. Il y a, par le monde, sept ou huit mathématiciens d'une grande force intellectuelle. Personne autre ne peut résoudre les problèmes qu'ils se proposent entre eux. Cependant, on ne méprise pas ces mathématiciens.

Les littérateurs de boulevard raillaient, au contraire, l'œuvre de Mallarmé, bien qu'elle fût analogue à celle de ces calculateurs. Avec la plus noble vaillance, il supporta ces railleries. Il accepta qu'elles écartassent de lui, pour toujours, le public qui achète les livres. Professeur, il enseigna, afin de conserver sa belle indépendance, l'anglais aux enfants d'un collège. Rien ne le détourna de pâtir. Il approfondit ses méditations.

Il créa des pensées miraculeuses, des types de métaphores qui résument en les éclairant toutes les philosophies. Nous l'aimâmes, en petit nombre. Il s'en satisfaisait, indulgent aux livres simples de ses adversaires dont il exaltait les mérites si différents, de ses vertus. Lui, n'eut même pas, comme l'explorateur, l'action pour s'éblouir et se croire, un instant, près de vaincre. Entre sa femme et sa fille, deux grands caractères, il vécut, doux, accueillant et paisible. Il fut mieux qu'un héros, il fut un saint.

En ce temps, où l'on aime dire que le cynisme est général, que les vices triomphent de tous les esprits, en ce temps où les aventures convainquent de mensonge et de fraude ceux qui mènent le destin des peuples, il me plaît de penser à ce saint de Paris et aux héros de l'Afrique.

Ni l'illusion de la victoire, ni l'espérance du ciel ne promirent leurs récompenses à ces sortes d'hommes. Et, cependant, l'un a vécu, les autres vivent comme les plus grands de ceux qui conseillaient autrefois cette espérance et cette illusion. N'est-ce pas une vertu meilleure chez les héros, chez les saints de ce temps-ci ? Tout a croulé de la religion, de la gloire. La lutte humaine rejette les anciennes hypocrisies. Le troupeau grouille. Il surgit de plus grands saints et des héros plus tenaces. Voilà pourquoi nous avons, par instants, la pensée de croire encore vivante la vieille et stoïque énergie latine. Qui sait ? le vœu de justice et de fraternité animera peut-être, tout à l'heure, bien des héros, bien des saints obscurs. La grande idée révolutionnaire de 1792 peut ressusciter aux cœurs de France. Un peuple, petit-fils de ce peuple centenaire, peut s'élancer victorieusement sur l'Europe pour lui apprendre l'usage de la Liberté, dont il lui enseigna le nom, il y a un siècle, en courant de Jemmapes à Moscou.

Nous possédons encore des héros et des saints. On connaît cent explorateurs en Afrique, on admire cent poètes épris de la Pensée au point de lui sacrifier le bonheur, à l'exemple de Stéphane Mallarmé. Les héros sont prêts à l'action. Les saints parlent. Ils prêchent partout l'amour des hommes, la fin des guerres, la paix universelle, jusqu'au point d'impressionner les souverains par leur voix.

Ayons de la confiance, un peu. En somme, l'Octave Mouret de Zola vaut mieux moralement que le Gil Blas de Le Sage, le Casanova et le Jean-Jacques Rousseau des Mémoires. Mouret, travaille. Il produit. Il augmente l'aise humaine. Les autres s'entendaient aux seuls bénéfices de la galanterie et du jeu.

Aimons davantage notre énergie latine. Songeons qu'au Maroc, sans doute, des héros, à cette heure, combattent sans espoir pour un rêve. Songeons que dans le petit cimetière de Valvins, un saint repose, qui a voulu souffrir obscurément, toute une vie, pour la science de la beauté.

CHAPITRE XXIII.

Le souverain futur

L'amphithéâtre de la Sorbonne s'ouvre, au
cintre du fond, sur un calme paysage circulaire
où les idées vivent pures, nobles, avec l'apparence de déesses, et de beaux éphèbes occupés
à surprendre la voix de la nature enseignante
qui murmure avec les frissons du ruisseau,
entre les arbres droits et pâles. C'est le temple
même de la Science que Puvis de Chavannes
évoqua d'une manière impérissable dans cette
grande salle courbe comme l'intérieur d'un cerveau géant, celui de la nation. Un dimanche,
quelque temps avant sa mort, le plus illustre
des Français et le plus justement illustre, M.
Marcelin Berthelot y apparut, pour l'apothéose
de sa vie laborieuse. A sa droite, le Président
de la République et ceux du Parlement ; à sa
gauche, le ministre de l'instruction publique
et les membres des Académies étrangères, assis-
taient le seul souverain légitime que des peu-

21

ples nobles puissent reconnaître ; le savant créateur des forces qui multiplient l'aise des races.

Sincère était l'enthousiasme des acclamations qui honorèrent ce haut vieillard nerveux et méditant. Il représente la seule gloire de notre pays.

Après Taine, Flaubert et Pasteur, Marcelin Berthelot a seul hérité du droit de représenter, devant le monde, le génie de notre effort latin. Et c'était la Patrie, en sa plus belle et sa plus noble effigie qui fut saluée, un matin radieux, par les esprits de l'humanité reconnaissante.

De ce grand homme, mince, au front nu, au nez aquilin, le profil heurte obstinément, semble-t-il, contre les mystères enfermés dans les apparences naturelles de l'air, pour les vaincre, les terrasser, les analyser, les comprendre, et les faire connaître. De ce geste attentif sont nées la thermochimie et la théorie des synthèses organiques. Au moyen de ce geste, plus de vie fut réellement créée. L'homme dieu dépassa l'œuvre de la planète. Il ajouta des êtres aux êtres de l'Eden.

Et ce ne fut pas seulement la vaine spéculation d'un orgueil scientifique parfaitement doué, ni le jeu d'un magicien s'amusant de ses tours devant une petite élite d'initiés, loin du peuple douloureux, loin des préoccupations générales. Au contraire. Les principes de ses découvertes immédiatement appliqués à l'industrie, permirent le développement des usines ou l'on produit les matières colorantes artificielles, les parfums et les agents thérapeutiques, les éléments chimiques de l'éclairage, les matières explosives, le sucre, etc... Des milliers de travailleurs ignorent trop qu'ils doivent à cette intelligence, le destin qui les nourrit ou les enrichit. Bien plus. Ayant établi que l'azote du sol arable se renouvelle par l'apport des microbes venus de l'atmosphère, M. Berthelot expliquait aux agronomes des causes d'inventions propres à l'amendement des terres. Aussi bien que les gens de l'industrie, les laboureurs peuvent glorifier celui dont le génie sagace accomplit ou prépara l'amélioration de leur sort.

Quelle œuvre sociale l'emporte sur une pareille œuvre? Quel exemple de vie l'emporterait sur cette vie exemplaire, bonne pour tous, pour l'élite des savants et des étudiants, pour le peuple des industriels, des cultivateurs et des ouvriers, pour l'avenir. Le ministre rappela dans son discours comment cette énergie mentale avait connu des heures d'action guerrière, héroïque. En 1870, pendant le siège, sur le plateau d'Avron, quand M. Berthelot se livrait aux périls de la guerre comme tout soldat ; quand il contrôlait le tir de l'artillerie, quand il tentait de faire sauter les batteries allemandes de Châtillon, il montrait au mieux que le savant n'est plus un songeur inutile pendant les phases de combat.

On ne saurait trop insister sur la précellence de tels citoyens dans l'État. Le cabotin, la courtisane, l'auteur dramatique, le champion cycliste, et le politicien expert en invectives occupent trop notre âme, d'ordinaire. Choisissant parmi ceux-ci nos modèles de gloire possible, nous avilissons à merci notre idéal de grandeur. Plus haut les cœurs ! Il était plaisant, ce dimanche-là, de comparer la tâche de celui qu'on fêtait à celle des personnages officiels embarrassés certainement de leur égalité, et plus encore, de leur suprématie apparente, devant le protagoniste du savoir moderne.

A cette même heure, on annonçait l'achèvement de la Grande Encyclopédie. Les trente-

deux volumes furent rédigés sous la direction
de M. Berthelot et de ses fils. Ses connaissances
étendues en toutes matières l'avaient induit à
se charger de cette architecture mentale. En
un seul et gigantesque répertoire ont été,
par ses soins, rassemblés les sommaires des
sciences, de l'histoire, des techniques, des lettres,
des arts des religions. Car la descendance de
M. Berthelot est digne de lui. Ancien député de
Paris, administrateur du Métropolitain, M. André Berthelot fut le secrétaire général de
cette extraordinaire entreprise, pendant laquelle fut dressé l'inventaire du savoir humain
au dix-neuvième siècle, avec le concours de toutes les personnalités les plus illustres de l'intelligence nationale. M. Daniel Berthelot pour la
partie positive, M. Philippe Berthelot, pour la
partie littéraire, M. René Berthelot pour la partie
philosophique, ont collaboré. Le rêve de d'Alem-
bert et Diderot a été une seconde fois réalisé
par l'alliance de tous les esprits puissants, attirés
vers cette race élue, et soucieux de parfaire,
avec elle, le monument de l'humanité créatrice.

Il semble que M. Berthelot ait pu dépasser ainsi
la mesure imposée à ses forces, par les délimi-
tations de la nature. Les cerveaux de ses fils

perpétuent le travail célèbre. Ils le propagent en y adjoignant leurs propres mérites, qui sont excellents, dont ils donnèrent des gages indiscutables. Ce phénomène de génie familial est peu fréquent dans l'histoire des sociétés. Aussi s'est-on inquiété d'apprendre comment fonctionnait le mécanisme interne d'un si prodigieux travail. L'on a voulu pressentir le secret de ces facultés miraculeuses.

Lavoisier avoua qu'avant de démontrer par des expériences la présence de l'oxygène, il fut longtemps à la soupçonner sans raisons bien déterminantes. Guidé par cette intuition très vague, il multiplia des essais, et réussit à obtenir et répéter les constats favorables à son hypothèse. Mieux que la déduction pure, l'imagination l'avait servi. De même, M. Berthelot confiait naguère au docteur Toulouse qu'à l'heure d'inventer, « il avait rarement procédé par le raisonnement, mais plus souvent par le jeu d'associations inattendues. C'était brusquement, et en dehors des procédés normaux et logiques de la réflexion, que les meilleures de ses expériences lui étaient apparues ».

On le sait : Pasteur ne révéla les plus importantes de ses communications qu'à la suite d'une hémiplégie dénonçant certains troubles du système nerveux. M. Berthelot fit, tout jeune, une chute: et son front porta contre une pierre meulière. Une dépression osseuse marqua la place de la blessure. Il y eut, paraît-il, influence sur les lobes cérébraux, dans la région frontale. D'autre part, le docteur Toulouse rappelle que la soudure des deux os qui forment le frontal arrête l'évolution de la mentalité. Chez M. Berthelot, cette soudure fut tardive. Des causes extérieures, toutes physiques, purent donc favoriser en partie l'éclosion de la puissance cérébrale ; mais il semble bien que l'imagination fut la principale servante du génie scientifique. Ceux qu'elle n'aide pas demeurent des spécialistes méticuleux et bornés.

Fini l'antagonisme entre l'homme d'imagination et l'homme de science. Point de savant s'il n'est poète. D'abord, il faut désirer l'invention, la rêver, l'imaginer, avant que de la réaliser. A vrai dire, le songe fertile doit naître dans une intellectualité déjà pourvue. Sur des souvenirs bien agrégés entre eux, fleurira le concept original. Il n'y a pas de science, s'il n'y a prescience. M. Ribot, dans « l'Essai sur l'imagination créatrice » ; M. Paulhan, dans « la Psychologie de l'invention » ; M. Séailles, dans « l'Essai sur le génie dans l'art » ; M. Souriau, dans « la Théorie de l'invention », l'assurèrent diversement. « Il est certain, écrit M. Tarde dans « l'Essai sur l'imagination économique », que, d'après les confidences de certains inventeurs, l'apogée de l'inventivité correspond, chez eux, à l'âge du plus haut point de force sexuelle. De 25 à 35 ans surgissent en eux les conceptions que le reste de leur vie développera, rectifiera, enluminera ». Il en est ainsi pour les inventions esthétiques du littérateur et de l'artiste. C'est à la période des passions, durant laquelle les idées imaginaires et illusoires mènent notre vie, que l'on conçoit les plans de l'œuvre future, que l'on établit l'échelle de sa production. Les méthodes de la nature sont identiques pour fabriquer le génie d'un savant, celui d'un poète, celui d'un peintre, et celui d'un manant. Toutefois, il était précieux de recueillir cette affirmation dans la bouche de M. Berthelot lui-même, qui se vante d'être un pur rationaliste et qui le prouva. « Il n'est pas d'émotion, écrivit Ribot, qui ne puisse être un ferment d'invention. » Le savant prédit sa découverte pendant des rêveries très parentes de l'hallucination : « Alors, les images tendent à devenir les états faibles, à l'inverse de l'état normal », ainsi que l'explique parfaitement M. Tarde. Et les images s'objectivent comme le Christ s'objectivait pour l'amour de Sainte Thérèse.

Dans son discours de remerciements, M. Berthelot attribua les causes de son intelligence particulière à la collectivité des savants. En accord avec l'avis que j'exprimai souvent moi-même, il dit:

« Ce que nous sommes, en effet, n'est attribuable que pour une faible part à notre labeur et à notre individualité personnels; car, nous le devons presque en totalité à nos ancêtres du sang et à nos ancêtres de l'esprit. Si chacun de nous ajoute quelque chose au domaine commun, dans l'ordre de la science, de l'art ou de la moralité, c'est parce qu'une longue série de générations ont vécu, travaillé pensé et souffert avant nous. Ce sont les patients labeurs de nos prédécesseurs qui ont créé cette science que vous honorez aujourd'hui.

« Chacun de nous, quelle qu'ait été son initiative individuelle, doit aussi attribuer une part considérable de ses succès aux savants contemporains, concourant avec lui à la grande tâche commune.

« En effet, les découvertes si brillantes du siècle passé, ces découvertes, déclarons-le hautement, nul n'a le droit d'en revendiquer le mérite exclusif. La science est, essentiellement, une œuvre collective, poursuivie pendant le cours des temps par l'effort d'une multitude de travailleurs de tout âge et de toute nation, se succédant et associés en vertu d'une entente tacite, pour la recherche de la vérité pure et pour les applications de cette vérité à la transformation continue de la condition de tous les hommes. »

L'homme de génie n'est que l'expression de son milieu, soit en science, soit en art, soit en politique. M. Ribot le conteste en vain, en objectant que le novateur commence toujours, par susciter, dans son milieu, de terribles oppositions. C'est une erreur. Critiquant les idées de son milieu, l'homme de génie crée des pensées en contradiction avec elles. Il imite à rebours, mais il imite. Il doit donc à cette coterie adversaire la négative mère du positif qu'il inaugure.

Cette coterie, elle-même, naquit d'une foule qui, soit par manque d'énergie, soit par le jeu des circonstances, ne put spontanément manifester son désir obscur de progrès. Dès que les apôtres ont mis en lumière ce désir, la foule le reconnaît comme sien, l'adopte et l'acclame.

Toute invention n'est qu'une résultante d'imitations. L'imagination est, dans l'ordre intellectuel, ce que la volonté est dans l'ordre des mouvements.

Le savant doit à l'élite qui le renseigna ; l'élite doit à la foule qui l'engendra dans un désir obscur de transformation. Ensuite, la foule doit au savant l'amélioration qu'il lui prépare ; et, parmi la foule, son élite industrielle ou commerçante doit à la science sa richesse, sa suprématie, son triomphe. C'est pourquoi les milliardaires américains restituent après fortune faite, une part de leur gain aux Universités, aux Bibliothèques, aux Collèges. Ainsi faisait naguère M. Carnegie. Le cycle est apparent. A notre époque, toute la vie sociale prend essor vers la science. Tout succès vient d'elle. Tout lui doit retourner.

Aussi des applaudissements indéfinis saluèrent la prophétie que Berthelot formula, ce jour, en Sorbonne :

« La science réclame aujourd'hui, à la fois

la direction matérielle, la direction intellectuelle et la direction morale des sociétés ».

Nous ne pouvons plus accepter d'autres souverains.

ANGOULÊME

Imprimerie L. COQUEMARD et Cie